## ESCLEROSE MÚLTIPLA
### Deixando a Doença nos Ensinar

**Dados Internacionais de Catalogação na Publicação (CIP)**
**(Câmara Brasileira do Livro, SP, Brasil)**

Betik, Valéria Vel.
  Esclerose múltipla: deixando a doença nos ensinar / Valéria Vel Belik. – São Paulo: Ícone, 1999. (Coleção lições de vida).

  ISBN 85-274-0592-X

  1. Belik, Valéria Vel 2. Esclerose múltipla - Pacientes. Biografia. I. Título. II. Série.

99-4549 CDD-616.834092

**Índices para catálogo sistemático:**

1. Pacientes: Esclerose múltipla: Biografia    616.834092

Valéria Vel Belik

## ESCLEROSE MÚLTIPLA
## Deixando a Doença nos Ensinar

Coleção
*Lições de Vida*

Ícone
editora

© Copyright 2000.
Ícone Editora Ltda.

**Capa e Ilustrações**
Jânio Gomes Moreira
Confiarte Desenhos e Artes Técnicas

**Diagramação**
Rosicler Freitas Teodoro

**Foto**
Elisete Jeremias

**Revisão**
Antônio Carlos Tosta
Rosa Maria Cury Cardoso

**Apoio Cultural**

Proibida a reprodução total ou parcial desta obra,
de qualquer forma ou meio eletrônico, mecânico,
inclusive através de processos xerográficos,
sem permissão expressa do editor
(Lei nº 5.988, 14/12/1973).

Todos os direitos reservados pela
**ÍCONE EDITORA LTDA.**
Rua das Palmeiras, 213 — Sta. Cecília
CEP 01226-010 — São Paulo — SP
Tels./Fax.: (011)3666-3095

"...por mais trágicos que possam parecer alguns dos acontecimentos do mundo, eles formam apenas um simples estágio temporário na evolução do homem... mesmo a doença é, em si mesma, benéfica e age sob intervenção de certas leis destinadas a produzir um bom resultado e a exercer um contínuo estímulo rumo à perfeição."

Dr. Edward Bach

## *Agradecimentos*

Agradeço a Deus pelos caminhos melhores que sempre me tem oferecido; agradeço ao meu anjo guardião Eliel; aos meus pais, meus filhos, à companheira de meu pai, aos meus irmãos, à Baby e mais um tanto de outros amigos queridos; à Elisete Jeremias; ao Dr. Telmo Tonetto Reis; à enfermeira "anjo"; àqueles que já estiveram comigo no passado e estão agora em outras vivências; àqueles que um dia amei e já não se encontram no Planeta.

Ao Dennis; meu melhor amigo, meu querido companheiro...

...à vida...

## *Prefácio*

Dr. Edward Bach, o criador dos Florais de Bach, a 63 anos deixou um apelo a toda humanidade escrevendo "Lembremos que a enfermidade é um inimigo comum, e que cada um de nós que domine um fragmento dela, está, por isso mesmo, ajudando não só a si próprio, mas toda a humanidade".

Estava assim, lançado o apelo para que cada um de nós pudéssemos fazer nossa parte, com amor no coração, certeza nas palavras e coerência em nossos pensamentos.

A enfermidade se apresenta para que possamos aprender onde erramos, o que pensamos, como agimos, como sentimos e especialmente o quanto estamos evoluindo e respeitando a nós mesmos e a toda humanidade.

Nesse sentido, Esclerose Múltipla... deixando a doença nos ensinar, é um livro amoroso que a cada nova frase, a cada emoção descrita ou dor sofrida, mostra-nos o desejo profundo e autêntico de curar-se.

Este caminho de curar-se foi seguido de tomadas de consciência. Emoções foram sendo revistas, atitudes modificadas e virtudes resgatadas. Terapias foram sendo buscadas, centralizando a cura, caminhando com a ajuda da alopatia, dos florais de Bach, da dança, de exercícios, meditação e alimentação correta.

É um livro para que possamos perceber o quanto somos responsáveis pelo nosso sofrimento e que com amor no coração e a certeza de que estamos aqui para evoluirmos e sermos felizes, toda e qualquer enfermidade poderá ser curada.

Há um trabalho autêntico, de Valéria Belik, quanto ao perdoar e amar. A cada nova crise descrita da Esclerose Múltipla, podemos perceber um apelo para a cura, um apelo para ser feliz aprendendo a amar-se. Este amor estende-se agora para todos, podemos segui-la a cada frase e aprendermos a lição.

Que Deus e todos os curadores continuem nos presenteando com seus ensinamentos!

Com carinho,

**Lúcia De Bartolo**
*Psicóloga*
*Presidente do Almaflora Instituto de Pesquisas*
*Supervisora de Trabalhos Sociais com Florais de Bach*

## *Apresentação*

Certa vez, num congresso de ginástica, a fala de um dos palestrantes me impressionou bastante, tanto que o procurei. Durante a conversa, soube que ele era português, especialista em 'neuromotricidade' e por coincidência sua ex-esposa também era portadora de esclerose múltipla. Ele quis saber o que eu vinha fazendo para estar bem.

Após ouvir-me, falou: – "Você precisa escrever a sua história. É importante, pois ajudará muito as pessoas".

Voltei para casa pensando no que ele havia me dito e comecei a escrever. Sinto que o que passei acabou por se tornar útil e espero, realmente, poder estar ajudando as pessoas, portadoras ou não, de esclerose múltipla.

Com carinho,

*Valéria V. Belik*

## Introdução

Antes que o leitor "abra esta porta" quero observar que ao escrever este livro não pretendi passar por médica nem dar uma receita de cura e sim somar outros caminhos aos ortodoxos.

Neste relato, o leitor encontrará muitos momentos durante os quais minhas experiências com alguns médicos não foram das melhores. Há enorme quantidade de médicos no Planeta, dentre eles, um grande número de neurologistas; em minha jornada passei por uns poucos, assim o que me foi negativo não se refere à classe em sua totalidade.

Os possíveis médicos que lerem este livro não devem ofender-se com alguns comentários meus, na certeza de estarem cumprindo um bom trabalho.

As experiências aqui relatadas – talvez semelhantes às de outros portadores – algumas infelizes, me fizeram insistir em minhas buscas, na confiança de poder encontrar um profissional que pudesse me nortear e me permitir ser, agindo como um facilitador. Isto é precioso em nossas vidas...

Quero ainda, situar os leitores que moram longe de mim. São Paulo (capital do Estado de São Paulo) é a cidade na qual nasci e cresci, e que em função de tantas mudanças – crescimento acelerado, poluição sonora e visual, dentre outras coisas – me afastava do objetivo de estar saudável e ter contato estreito com meu companheiro e filhos.

Ubatuba é uma cidade litorânea no Estado de São Paulo, onde temos o privilégio de conviver com mar, montanhas e matas, agora preservadas.

Curitiba, capital do Estado do Paraná é uma cidade bastante confortável, com parques lindos, Porto Alegre capital do Rio Grande do Sul é um lugar que tenho razões de sobra para amar... São Francisco Xavier é a cidade onde moro atualmente – que na verdade não é cidade e sim um pequeno município de São José dos Campos – está localizada no estado de São Paulo.

É área de proteção ambiental, montanhosa, com rios ainda limpos, uma maravilha.

"... — *S*e fosse há vinte anos, eu não contaria esta história, porque não saberia como contá-la, já que ela era apenas um embrião em minha vida. Se fosse há dez anos atrás eu a contaria com amargor e ressentimento.

Hoje eu a conto com gratidão e alegria, porque compreendo como foi, e ainda é, importante para minha evolução, ser portadora de Esclerose Múltipla*. Vejo como é possível transformar a dor e mudar todos os rumos.

Resolvi contar minha história porque acredito que ajudará outros portadores, não só de E.M., mas de quaisquer outras doenças. Não pretendo dar nenhuma receita ou fórmula mágica... uma das lições que aprendi nestes anos, é que as pessoas são diferentes umas das outras e sendo assim o que é maravilhoso para um nào é necessariamente para outro.

---

* Doença que afeta o sistema neurológico, destruindo a bainha de mielina causando vários distúrbios, como cegueira, alterações da fala, dormências, paralisia, dentre outros.

Mas também aprendi, na seqüência, outra lição de igual importância: devemos estar abertos para ouvir a experiência do outro. Mesmo que não concordemos cem por cento, pode ser que um fragmento do universo do outro seja útil à melhoria de nosso próprio universo."

\* \* \*

...Será que foi aqui que começou?

— Era uma vez uma menina muito atenta a tudo, mesmo que assim não parecesse. Ela sempre sabia em seu íntimo como se sentiam o pai e a mãe; sentia particularmente os conflitos da mãe, e o relacionamento um tanto amargo da mãe com a própria mãe.

A menina tinha visões que a aterrorizavam, pressentia situações densas; sabia de coisas que os adultos não compreendiam e vivenciou alguns fatos que não têm explicação científica. Três deles foram marcantes:

O **primeiro**: – com cinco anos de idade ela caiu dentro de um poço – um primo passou neste momento e tampou o poço temendo que alguma criança caísse dentro dele.

Na queda ela bateu a nuca, engoliu muita água quando afundou, emergiu... exatamente num ponto da parede onde faltava um tijolo. Foi nesta falta que ela pôde segurar-se esperando ajuda.

O **segundo**: – a menina devia ter uns oito anos. Dormia e sonhava que muitas aranhas a picavam em sua cama. Começou a gritar muito, chamando a atenção da mãe que veio em seu socorro. Ela acordou, mas o pesadelo continuou... na cama, assim como o tecido da cortina ao lado, estavam negros de formigas. Na cada de sua irmã, que dormia no mesmo quarto, não havia uma só formiga e o pano de sua cortina continuava branco.

Quando a menina cresceu, soube que o pai e a avó materna divertiam-se alimentando um formigueiro. Com seu nascimento eles o dizimaram por medo que as formigas lhe picassem.

O **terceiro**: – ela, já adulta, lembrou-se de uma casa que morou quando era muito pequena, mas não conseguia localizá-la geograficamente em sua memória. Resolveu perguntar à mãe onde era a casa.

Ela lembrava que durante a noite a casa ficava muito escura, a mãe sentia medo e a protegia, porque na casa tinha muitas aranhas grandes. A mãe respondeu-lhe abismada que a casa era escura por não ter luz elétrica, só de lampião. Haviam muitas aranhas enormes, sentia medo e grávida, a protegia em seu ventre, abraçando-o.

Bem, fora as estranhices, era uma menina como outra qualquer. Brincava de bonecas, casinha e tudo o mais que pudesse gostar. Era meio lenta e os primos gozavam muito dela por ser a mais mole da turma. Em contrapartida, era a fonte das melhores idéias travessas, e comandava muitas traquinagens.

Sua brincadeira predileta era isolada. Adorava brincar de dançarina cigana, desfilava no quintal com ar sério e sedutor com uma longa saia colorida e batendo pandeiro (imaginando-se uma linda dançarina alta, morena, de longos cabelos negros...).

Hoje sei que desde cedo a menina era diferente e pressentia que seria preciso criatividade para vencer as deficiências.

\* \* \*

— *I*nfância... era uma soma de traquinagens, sonhos, curiosidade, medo e muita repressão. Mais assustadora, na verdade, é a passagem para a adolescência. Lembro como coisas estranhas – e alheias à minha vontade – começaram a acontecer: meus cabelos muito lisos e loiros, começaram a escurecer num tom mais castanho e ficaram crespos, cheinhos de ondas. Meu corpinho magro transformou-se no que me parecia um pequeno bujão de gás.

Minhas feições pareciam exageradas... lábios cheios demais, um rosto que eu não achava lindo como o das outras meninas.

Assim caminhei para a adolescência, sentindo-me uma criatura que não se adequava a nada. Um espírito perturbado morando numa casa horrível, a postura já se fechando, com ombros contraídos e costas encurvadas. Os pés voltados para dentro. Uma fome descomunal, um "saco-sem-fundo" e um "trem-à-toa", conforme dizia minha avó materna.

Minha mãe levou-me para praticar yoga. Disse-me que isto iria melhorar a postura. A princípio sentia-me muito mal, culpada por estar com má postura e feia.

Com certeza, se eu fosse uma menina mais boazinha, eu seria bonita... Depois comecei a gostar muito, descobri que eu podia fazer coisas com meu corpo. Meus pés endireitaram, meu peito estava aberto, sentia-me flexível, esguia e poderosa, porque eu fazia coisas que em casa ninguém conseguia fazer. O yoga foi fundamental em minha adolescência, porque dava-me identidade e destaque.

Em qualquer lugar que eu fosse sempre acontecia uma sessão de "contorcionismo". Eu queria mostrar pra todo mundo. Tenho fotos fazendo arcos e outras posturas na praia. Com dezesseis anos (não sei como!) eu dava aulas de yoga num espaço e aulas particulares de relaxamento e, de lambuja, conduzia os exercícios de relaxamento em minhas aulas de educação-física enquanto cursava o ginásio.

Que moral! Sentia-me tão atrapalhada conduzindo minha vida, mas tinha este grande trunfo: meu corpo agora prestava para alguma coisa.

Muitos anos depois, pude compreender as dificuldades de minha avó materna. Descobri que a amava muito e perdoei-lhe os impropérios que me lançava.

Compreendi também a dificuldade que tinha em relacionar-me com o mundo exterior, suas transformações e como meu estranho corpo defendeu-se indo para o meu centro.

Hoje acredito que aquele foi o início de meu atual trabalho.

* *.*

— Quando descobri meu talento, fui fazer dança. Balé moderno, numa escola muito conceituada, com uma professora muito famosa, que aparecia até na televisão.

No balé me fascinava assistir às aulas das alunas mais adiantadas, todas de *colant* amarelo, batendo continência com suas pernas. Meu sonho era chegar lá... tinha algumas dificuldades de sustentação, diagonais e giros, mas fazia bem outras coisas. O que me estimulou a continuar por um tempo foi minha nova professora. Ela era simplesmente "gorducha". Então conclui que se ela podia ser uma bailarina gorducha, eu também poderia ser uma bailarina sem "bater continência" e dar muitas piruetas.

Várias coisas aconteceram, no meio de muita confusão: separação dos meus pais, uma adolescência rebelde, terapias, internações, tentativas de suicídio... e de repente eu estava com vinte e um anos, casando toda empolgada, prontinha para ser feliz para sempre.

\* \* \*

*V*ida nova?

Logo no primeiro trimestre eu tive uma crise terrível de furunculose: nádegas, orelhas, pálpebras, coxas, axilas e vagina. Eu estava convenientemente intocável.

No segundo semestre eu limpava os azulejos da cozinha e uma mancha persistia em não sair. Percebi que a mancha não era fixa, então devia estar em meus óculos. Distraída com meu trabalho passei a tarde limpando os óculos insistentemente.

À noite eu já sabia que a mancha estava em meus olhos, pois era muito grande. No espelho eu não a via, era como se estivesse num ponto qualquer dentro de meu olho esquerdo.

Pela manhã eu só enxergava vultos, estava apavorada, era final de semana, dificultando assim um exame. Quando fui ao oftalmologista, eu já não enxergava nem mesmo vultos, as imagens eram massas disformes... imagens de sonho.

O primeiro oftalmologista disse que eu estava com uma provável inflamação, mas não tinha equipamentos adequados para um diagnóstico preciso. Encaminhou-me a uma clínica melhor equipada onde fui examinada por outro oftalmologista. Este, disse que provavelmente eu estava com grande deficiência de vitamina C e pediu-me que chupasse bastante laranjas.

Resolvi não consultar mais ninguém. Um amigo meu que clinicava no Hospital das Clínicas, em São Paulo, marcou uma consulta. Era véspera de feriado e eu já pensando em viajar e deixar prá lá esta história, resolvi ir à consulta. Cheguei pela manhã, fui examinada e internada. Sem nenhuma explicação, nenhum diagnóstico, só o argumento de que precisava ser internada e tomar "soro". Dois dias depois me comunicaram o diagnóstico – *Neurite Retrobulbar.*

Eu estava num hospital-escola onde todas as manhãs acordava com muitos estudantes me olhando enquanto o médico me examinava; aí eles iam para um canto e conversavam. Ouvi uma única vez "Esclerose Múltipla", que para mim não significava nada.

Lembro-me de uma manhã que despertei sentindo um perfume suave e quando abri os olhos enxerguei minha mãe, que estava viajando e voltou para saber o que estava havendo comigo. Foi o fato mais prazeroso até então...

Eu estava numa enfermaria e ao meu lado uma mulher de outra cidade que aguardava um transplante de córnea há quase um ano. Por ela ser de outra cidade não podia desocupar o leito, pois perderia a vez na espera para receber o transplante.

Na ala em frente à minha haviam crianças de até seis anos; algumas de outras cidades não viam seus pais há tempos, outras que nunca mais veriam seus pais, pois estes devido à gravidade dos casos e por falta de condições, davam endereços falsos e nunca mais retornavam. Apeguei-me às crianças, brincava com elas e as carregava no colo. Todas tinham ao menos um dos olhos com curativos. A falta de enfermeiros era grande. Pela manhã eu ajudava o pessoal a arrumar as camas. Uma das enfermeiras aconselhou-me a não ficar muito com as crianças, porque tinham doenças terminais e poderiam passar-me algum tipo de infecção.

Eu não sei até hoje o que as crianças tinham, mas não consegui afastar-me delas. As crianças eram extremamente carentes e estar com elas minimizava minha dor, fazia-me refletir meus medos. Eu calculava de que tamanho seria o medo delas.

Eu estava quase às vésperas de sair quando numa noite chegou uma criança nova, um garoto de uns sete anos. A ala infantil estava lotada e ele foi instalado num leito à minha direita; sua mãe estava apavorada. Eram pessoas de aparência bem simples; a mãe contou-me que o menino tropeçara e batera com o olho na quina do sofá, o menino nada dizia. O garoto passou por uma cirurgia pela manhã e teve de extrair o olho. Vi seu pequeno corpo adormecido pela anestesia geral, o grande curativo no rosto miúdo, a mãe quieta, pálida e sem lágrimas sentada ao seu lado numa cadeira que lhe foi arranjada.

Minha visão estava voltando, soube que o soro que eu tomara era cortisona, mas agora minhas aflições já não eram nada. Eu só imaginava em como seria acordar e não ter mais um olho.

\* \* \*

— *O* fato de ficar um período sem visão no olho esquerdo foi ficando para trás. Minha visão voltou parcial, para mim o diagnóstico de *Neurite Retro-bulbar* significava que eu devia ter tido uma inflamação qualquer no olho, que poderia ocorrer com qualquer criatura que tivesse miopia ou outras deficiências visuais que obrigasse o uso de óculos. Segui em frente.

Um ano depois meus lábios adormeceram, comentei o fato com meu dentista e ele me perguntou se eu não estaria tomando pastilhas de vitamina C. Por acaso, estava. Não compreendi a relação, mas parei de tomar as pastilhas e a dormência acabou sumindo.

Uns seis meses depois fui ter relações com meu marido e não senti a penetração, fiquei assustada e senti vergonha de relatar-lhe o fato. Senti medo também que ele interpretasse este "não sentir" como rejeição à sua pessoa.

Pela manhã fui limpar-me com papel higiênico e quando vesti a calcinha senti que estava encharcada. Passei novamente o papel mais devagar e percebi que não conseguia encontrar a vagina com minha mão e que minhas coxas estavam dormentes. À noite estava com ambas as pernas completamente adormecidas e sem sensibilidade, incluindo meu quadril e órgãos internos da região do baixo-ventre. Eu conseguia andar, sem dificuldades.

Fui ao mesmo hospital e novamente internada para receber corticóide, desta vez no andar de neurologia. Não me foi dado nenhum diagnóstico, alegavam que não era possível diagnosticar com o histórico que tinham por haver ainda muitas dúvidas.

Fiquei poucos dias, era um andar triste, com as pessoas caminhando amparando-se em barras nos corredores; em meu quarto uma idosa lamentava-se o dia inteiro, lamentos chorosos.

Não esperei terminar o tratamento previsto com aplicação de corticóide; pedi ao meu marido e à meu pai que autorizassem minha saída, pois, na verdade, eu não sabia porque estava ali.

\* \* \*

*D*esinformação.
– Eu não sabia o que poderia estar me acontecendo, tomava pílula anticoncepcional há dois anos, presumi que o que sentia poderia ser devido às pílulas. Por mais que eu pensasse não encontrava outra razão. Eu pretendia engravidar e resolvi parar com as pílulas, já havia escolhido o nome do bebê: Janaína.

Logo no mês seguinte eu já era gestante. Vivi os nove meses entre dores de cabeça e enjôos tremendos, misturados a uma alegria e expectativa desmedidas... Preparei o quarto, roupinhas, enfeites, gravei o coração do bebê... vivi este período também – estranhamente – como se estivesse doente. Na verdade, penso isso hoje, na época não pensava assim.

Passei os nove meses "tomando muito cuidado". Logo no início tive um pequeno sangramento que foi o suficiente para eu ter medo de "me mexer muito".

Eu acreditava que as gestantes eram criaturas frágeis, que um esforço qualquer seria o suficiente para perder o bebê e que eu precisava comer por dois. Consegui engordar vinte quilos e enfraquecer minha musculatura e resistência geral.

Quando fui ter o bebê fiz cesariana (minha mãe fez três cesarianas e fazia-me entender que eu também o faria) e chegou Janaína. Fiquei surpresa com seu pouco tamanho e descobri que os quilos restantes eram meus.

Após sua chegada senti-me debilitada e tinha uma tontura bastante diferente. A sala não rodava à minha volta e sim como aquelas imagens de televisão que ficam correndo sem que consigamos fixá-las. A sala girava de cima para baixo e começava de novo. Esta sensação não ficou por muito tempo e preferi não contá-la a ninguém.

Três meses depois as mamadeiras escapavam de minhas mãos, achei que eu deveria de alguma forma estar fraca por causa da gravidez. Um dia fui colocar Janaína no cercadinho e não consegui sustentá-la, deixando-a cair no colchão. Meu marido ficou zangado, como se eu a tivesse jogado, então percebi que meus braços estavam meio adormecidos.

Alguém falou a meu marido sobre um acupuntor, ele levou-me para algumas aplicações e as dormências sumiram.

* * *

— *Minha* filhinha completava dois anos, eu estava elegante novamente (fiz um regime de controle calórico, maravilhei-me por poder fazer um regime sem medicamentos). Nosso casamento ia mal, eu sentia um desejo enorme de voltar a dançar e o fiz, o que gerou grande conflito em nossa casa. Apresentei-me no final do ano com a turma da escola de dança que freqüentava e as coisas pioraram muito.

Neste período fiz alguns exames e havia suspeita de Esclerose Múltipla. Eu não tinha muita noção do que significava ter esta doença, ela era-me "invisível" demais, ninguém havia-me explicado ainda o que era aquilo e eu também não procurava saber. Vi que vivia como todos viviam, fazia muitas coisas como muitos faziam e tinha problemas como tantas outras pessoas. Então, eu não era diferente em nada e adormecer um pedaço meu de vez em quando passou a fazer parte de minha vida.

Meu obstetra era o mais preocupado, ele insistia para que eu não tivesse mais filhos. Na época eu contava com apenas vinte e cinco anos e estranhava sua postura, porque os médicos não gostam de submeter mulheres à laqueadura antes dos trinta anos.

Vivi um grande conflito porque descobri que gostaria de ter mais um filho, mas não com meu marido; acreditava que casamentos não podiam ser dissolvidos e ao mesmo tempo não queria mais estar casada. Concordei com o obstetra em submeter-me à laqueadura, porque pensei: já que viveria o resto de minha vida naquele casamento, então o melhor mesmo era não ter mais filhos. Assim que concordei, meu marido disse que ele se submeteria à vasectomia, eu não precisaria ser operada.

Sem querer ele desencadeou em mim grande reflexão, percebi que se permitisse que ele fosse operado, de alguma forma seria responsável, já que ele o fazia para "eu" não engravidar.

Imaginei nossas vidas futuras e só consegui vislumbrar três criaturas infelizes, faríamos no dia seguinte cinco anos de casados. Vivíamos em constante desarmonia, nós já não conversávamos, só ouvíamos o que nós mesmos falávamos.

Optei pela separação antes que ele fizesse a vasectomia; se ele quisesse fazer algo, queria que ele fizesse por ele e não por minha causa. Assim descobri que os casamentos não duram para sempre, esvaiu-se o sonho. Acima de tudo eu não compreendia como poderíamos estar assim tão ressentidos mutuamente, e sérios e amargos. Afinal, um dia, nós já tínhamos acreditado que nos amaríamos para sempre.

* * *

Começar de novo...

— De repente eu era o personagem a conduzir minha própria vida. Foi uma confusão porque descobri que não sabia fazê-lo. Meus pais sempre cuidaram de mim, depois meu marido. Eu realmente não sabia o que fazer, era como se eu fosse uma panela de pressão e minha tampa houvesse estourado – tudo jorrava com força e não tinha muito sentido.

Resolvi que daria aulas de dança para sobreviver e comecei a preparar minha escola – na garagem de casa. Sentia-me muito cansada, confusa, tudo começou a ficar muito adormecido em meu corpo; principalmente os braços e as pernas.

* * *

— *F*ui a um neurologista que escolhi pelo convênio. Na época não havia ressonância magnética (1981), ao menos no Brasil. Fiz os exames disponíveis e o médico diagnosticou Esclerose Múltipla.

Disse-me que era uma doença que pouco ainda se conhecia sobre ela, não tinha cura e que causava paralisia gradativa. Tratamento? Cortisona, óleo de girassol, evitar carne vermelha e banhos quentes e repouso absoluto: nada de dar aulas e fazer aulas de dança, nada de ginástica. Disse-me ainda que provavelmente, se eu me comportasse bem, teria ainda até os trinta anos uma vida sem paralisia.

Eu contava então com vinte e cinco anos e na confusão mental que senti no momento, entendi que "viveria" até os trinta anos. Achei que seria paralisia e, como conseqüência, a morte. Não sabia se me sentia deprimida ou uma pessoa diferente das outras por ter E.M.

Tudo isso aconteceu num momento ruim para todos. Meu pai havia casado novamente e refazia sua vida; ele me ajudou muitíssimo, mas era-nos difícil conversar livremente (não sei se ele não queria falar no assunto por medo ou se achava que eu exagerava a questão); minha mãe estava muito desestruturada e reorganizando a própria vida; minha irmã também estava cheia de problemas... eu estava me separando legalmente. Sobramos eu e minha filha.

Foi um período difícil, um período que durou cinco anos, na verdade.

Fiz muitas loucuras, como um condenado que quer aproveitar seus últimos momentos. Namorei com todos os que quiseram me namorar; viajei às custas de meu pai; abri duas escolas de dança e fechei as duas; mudei de cidade duas vezes (uma de São Paulo para Ubatuba, outra de Ubatuba para Curitiba); tive mais um filho; fui internada para tomar corticóide quatro vezes... uma grande salada!

Hoje penso que foi bom, porque foi uma atitude radical, mas de busca, e foi o começo de meu aprendizado.

\* \* \*

– *N*este ciclo de cinco anos aconteceram muitos absurdos. A primeira das quatro internações, foi pedida pelo médico que havia dado o diagnóstico. Eu tinha convênio, ele era deste convênio, mas não quis atender-me por um hospital também conveniado. Meu pai pagou o hospital.

Podem achar estranho: mas eu gostei. Era minha primeira internação "de alto nível" e descobri que no hospital eu tinha sossego, alimentação na hora certa, chuveiro gostoso e atenção de minha família. Comecei a ser visitada por amigos, ausentes após a separação. Depois que me separei era como se estivesse "contaminada" e pudesse contaminar casais, separando-os. As pessoas sumiram.

No hospital, caminhava pelo corredor levando o soro para passear comigo, vestida com minha camisola e penhoar novos (cetim!!!), de cor azul-claro, tecido macio, deslumbrante e brilhante. Fazia exercícios escondido do médico, porque não agüentava ficar parada.

Estava com meu lado esquerdo inteiro dormente.

Depois fui para casa e continuei tomando cortisona. Só que, quanto mais tomava, mais eu inchava e me sentia pesada e com dificuldade de locomover-me. A dormência não cedia. Minha menstruação não vinha e todo mês pensava que estava grávida.

Concluí que o corticóide estava atrapalhando, joguei os medicamentos na descarga e liguei para o neuro avisando que tentaria cuidar-me de outras formas e manteria contato.

O único dado concreto que tinha era o óleo de girassol. Era um óleo bem incomum; propus-me a encontrá-lo. Em seguida resolvi tentar novamente a acupuntura; procurei um acupuntor perto de casa (não estava conseguindo dirigir) e fui à pé com minha filha. Era uma acupuntora e seu marido acupuntor. Ambos médicos.

Ela cuidou de mim e as dormências sumiram aos poucos, consegui dirigir novamente. Ela estava para ter bebê e seu marido continuou cuidando de mim.

Fez-me Auriculoterapia para que eliminasse o excesso de cortisona. Voltei a menstruar e no mês seguinte já esperava meu segundo filho.

Resolvi não comer mais carne, tornei-me adepta da alimentação natural, consegui óleo de girassol e experimentava de tudo para ver no que dava.

Dei aulas de dança e ginástica a gravidez inteira, não engordei como da primeira vez. No oitavo mês de gravidez fiz uma apresentação de dança em minha escola para os pais de meus alunos e também me apresentei, com minha enorme barriga.

No dia de ter o bebê comprei o restante das roupinhas e dei a última aula. Fui para o hospital à noite e pela manhã nasceu meu filho Luã: de parto normal! Fiz laqueadura pelo umbigo (meu pai financiou minha cirurgia, penso que ele achou melhor não facilitar a vinda de mais bebês).

\* \* \*

— *A*pós o parto fiquei extremamente fraca e com tonturas, comecei a cair. O mesmo médico recomendou-me internação. Pedi que me assistisse desta feita em um hospital pelo convênio, pois não tinha recursos e não queria que meu pai pagasse novamente.

Não chegamos a acordo nenhum. Não me sentia bem e tinha de procurar outro médico já num surto e a noite. Sabia que precisava receber o "tal soro". Concordei então com o médico e peguei o pedido de internação. Com a guia em mãos, deixei as crianças com minha mãe e fui aos hospitais do convênio. Na madrugada, o terceiro hospital me aceitou, fui internada sem neurologista responsável, eles ministraram o corticóide em soro pela manhã, entraram em contato com meu médico, que recusou-se a atender-me em outro hospital.

Um neurologista do próprio hospital foi escalado e deu-me assistência. Conversei com a nutricionista sobre minha alimentação, pedi fisioterapia e uma semana depois, saí, inteira, do hospital.

— E voltei, e saí,... agora estava sem neurologista (o outro não queria me ver nem "pintada"), sentia-me confusa e cansada ao extremo.

Falaram ao meu pai de um neurologista muito bom e lá fui eu. Ele examinou-me e concluiu que eu estava forte. Eu tinha mais força do que as pessoas em geral devido ao meu trabalho de ginástica e dança.

Por via das dúvidas ele resolveu internar-me para fazer uns exames a fim de confirmar o diagnóstico.

Fiz tantos exames, mas tantos (liquor, sangue, tomografia e tantos outros...), que minha resistência caiu e tive um surto dentro do hospital. Entrei para fazer exames e acabei ficando para tratamento. Foi confirmado o diagnóstico de E.M.

\* \* \*

— *Na* semana seguinte fui assistir à peça "Dueto para um só", fiquei transtornada. Então E.M. causava aquilo tudo? No teatro haviam pessoas com bengalas... como é que eu tinha E.M. e andava? O que aconteceria? Até quando eu poderia caminhar, dançar, viver?

Fechei a escola e mudei para Ubatuba com meu filho mais novo, minha filha ficou aos cuidados de minha mãe.

\* \* \*

— Em Ubatuba passei bem no primeiro ano. No ano seguinte tive muitas dores de cabeça, cansaço, outra neurite (agora no olho direito) que não foi tão intensa quanto a primeira.

Eu estava sem acompanhamento médico, fui a um neuro (outro) em São Paulo para verificar a neurite. Ele questionou sobre a E.M. e queria fazer novamente todos os exames. Não voltei mais ao médico.

Recebia acupuntura sempre que me era possível e cuidava da alimentação. Continuava a fazer exercícios porque não queria que o cansaço me vencesse.

Tive que tomar cortisona devido à neurite e já não menstruava novamente.

Sentia-me tão mal que já não importavam médicos ou tratamentos. Concluí que o cortisona me ajudava e "me piorava". O que era pior?

Meu segundo filho estava com quase dois anos. No ano seguinte eu completaria trinta anos e, junto, os cinco anos que o médico havia me "dado".

Meu pai ainda me ajudava, estávamos de alguma forma distantes eu e minha família. Sentia que de algum modo eu caminhava só.

Sabia que tinha E.M., mas não sabia nem mesmo o que era (nenhum médico, até o momento, havia me dado uma completa informação). Minha melhor informação era que haviam complicações com a mielina, que ficava na medula. Só.

Eu poderia tornar-me paralítica? Meu primeiro surto havia sido há oito anos. Será que eu não havia piorado devido a acupuntura? Ou devido à alimentação? Ou pelos exercícios? Cortisona, tudo junto?

Eu adorava exercitar-me na praia, dançar, andar de bicicleta com meu filho... era bom na bicicleta sentir o vento morno e o cheiro verde e marinho.

Só que realmente não estava me sentindo bem, tinha medo de falar às pessoas e ser discriminada. (Será que esclerose pega?) Pega? — uma vez me perguntaram.

Já existia a ABEM (Associação Brasileira de E.M.), mas eu tinha horror de ir lá e ver as pessoas em grande maioria já em cadeiras de rodas. Era como preparar-me para sentar numa futuramente...

\* \* \*

— Quando estava com dezoito anos, tive um sonho do qual jamais esqueci. Sonhei que estava dentro de uma caverna com um casal. A caverna emitia de suas pedras luz própria e continha água, que chegava aos joelhos do casal.

Eles eram muito bonitos, fortes, altos. Ele era loiro e ela negra, os cabelos dela eram encaracolados e brilhantes, não muito curtos e pareciam ser macios.

O casal brincava na água, eu sentia a água, eu era ela agora e estava extremamente feliz, estávamos nus. Ele subiu numa pedra e saltou para a água. Fiquei apavorada porque ele poderia matar-se, a água era rasa.

De repente assistia novamente a cena fora dela, e ela se passava numa tela e eu estava na última poltrona de um cinema. Havia uma pessoa sentada ao meu lado, mas era tão escuro que não a identificava.

E foi como assistente que vi toda a cena: ela em pé com a água pelos joelhos olhando serena para ele sobre a pedra. Ele salta e mergulha! Bem perto dela... inteirinho, seu corpo nu afunda na água rasa! Ela tranqüila. Eu pensando – é o fim.

Emerge feliz, a água deixando-lhe os cabelos escorridos e o corpo mais brilhante e bonito, ela brinca com ele. E vem uma música orquestrada que emociona, e no lugar da cena do casal aparece uma frase numa faixa. A frase dizia: "Prognóstico do Futuro".

Isto veio no lugar do "FIM".

Este sonho sempre me vem à mente quando estou em situações de aperto. Quando sonhei, não o compreendi, nem mesmo sabia o que significava "prognóstico".

Em Ubatuba, o sonho veio-me novamente à consciência. Ainda não sabia bem o que fazer, mas refleti que deveria sair dali e buscar um lugar melhor para meu filho estudar, para eu cuidar de minha saúde e organizar-me para poder cuidar de minha filha.

Não sabia se iria um dia ficar paralítica. Só sabia que NÃO queria ficar paralítica, que me empenharia ao máximo para não perder nenhuma das minhas funções. Só não sabia como.

Resolvi mergulhar no raso de cabeça, tendo fé no coração de que ali fosse fundo.

* * *

— *E*m Curitiba precisavam de uma professora de dança na prefeitura e me mudei para lá com meu filho.

Não deu certo, mas consegui trabalho numa escola de dança. Passei até o final do ano com a saúde física melhor, minha menstruação estava novamente regulada, e eu continuava sem acompanhamento neurológico.

Foi-me indicado um médico e acupuntor, pelos acupuntores que me tratavam em São Paulo. Continuei com os exercícios e experimentava aprimorar a alimentação.

Caminhava muito, pois Curitiba possibilita que se caminhe à vontade; fazia exercícios específicos para fortalecer o períneo, porque ao fazer um salto na aula de dança e chegar ao chão apoiando-me nos pés, fiz xixi sem querer e eu nem estava com vontade.

Lembrei da fisioterapeuta do hospital e dos exercícios que me passou. Deu certo.

A vida estava mais tranqüila, era como se fosse uma trégua, lá podia estar mais comigo. Não sabia que caminho seguir para uma aproximação melhor com minha família e também na questão dos cuidados necessários à minha pessoa.

Não sabia como pedir ajuda, porque na verdade, aparentemente estava bem. Evitava então o assunto para não parecer um "aproveitar-se" da situação e também não falava às pessoas para que elas não me estranhassem.

As dormências desapareceram e o cansaço havia melhorado. Ainda assim considero que foi um dos meus períodos mais depressivos; sentia medo e impotência com aquela doença tão invisível, como se estivesse me espreitando. Mas foi um curto período. Dançar, escrever, desenhar, enfeitar a casa, cuidar do bebê... já sentia-me animada novamente e vencedora.

Tudo me deslumbrava, o céu, as brumas da manhã, as músicas que ouvia, as gracinhas do meu filho, as visitas da minha filha e da minha mãe... eu estava forte de novo.

\* \* \*

— *T*udo caminhava numa frágil estabilidade, era carnaval de 1986, havia resolvido que em função dos meus filhos e da minha saúde, e ainda para preservar minha casa, que não me envolveria com nenhuma espécie masculina. Resolvi que seria uma "feminona" e que para mim agora só "homens objeto". Não, nada de envolvimentos.

Foi neste dia, de resolução tão especial, que fui com uma vizinha ao teatro. Para brindar a decisão saí bem deslumbrante, cheia de transparências. Fomos a um barzinho e ficamos com dois rapazes que havíamos conhecido naquela semana. Petiscos daqui, conversas de lá... minha amiga já estava grudada num deles. O outro, muito tímido e atraente, foi chegando de manso, bem de manso, muito diferente do que eu estava habituada. Ele estava mudando-se para São Paulo, então achei que seria perfeito: ele em São Paulo, eu em Curitiba. Passamos a noite juntos.

No dia seguinte ele voltou e presenteou-me com uma música que compôs para mim. E voltou no outro, e no outro, e no outro... comecei a ficar apavorada, aí ele foi para São Paulo. Só que suas idas duraram no máximo uns dois meses, até que ele desistiu de ir e resolveu permanecer em Curitiba.

Nós estávamos muito apaixonados e sofríamos muito. Eu com medo pelos meus filhos, de vivenciar novamente um relacionamento infrutífero, e com meu maior segredo: E.M. Ele com medo de envolver-se e ver-se tolhido em sua profissão de músico; assumir de cara uma família e ainda, eu era seis anos mais velha que ele, fato que perturbou demais a família dele. Ríamos, chorávamos, nos amávamos e desesperávamos... estava ficando sério, ele já estava de mudança para minha casa, então resolvi contar-lhe, que além de dois filhos, eu tinha E.M. Pacote completo.

Nos casamos e estamos juntos até hoje.

* * *

*V*el e Dennis...
— Já dois anos juntos? Já, e tudo caminhando bem, ele tocando, eu dando aulas de dança e estudando filosofia na faculdade. Imagine! Consegui entrar na Federal do Paraná! Ele tocando bastante, eu era sua motorista, ele não sabia dirigir. Nossa vida era bastante boa. Ele sonhava com São Paulo e resolvemos nos mudar, até mesmo para estar perto de meus parentes.

Mudamos – agora com minha filha junto a nós – e começamos a construir nosso sonho: um espaço onde eu pudesse dar aulas de ginástica e dança, junto a ele dando aulas de música e morando no mesmo local, podendo dar uma assistência adequada aos nossos filhos. Eu fazia aulas com Ivaldo Bertazzo, tudo funcionava bem e no final do ano iria me apresentar em seu espetáculo.

A reforma do espaço não acabava nunca, estávamos num apartamento muito pequeno para os quatro e com nossos móveis espalhados. Resolvemos entrar na casa com reforma e tudo, até para acompanharmos de perto o trabalho dos pedreiros.

Neste ano minha avó materna faleceu e eu me afetei porque não tive tempo de conhecer seu lado mais flexível e feminino; quando começamos a conversar ela foi colocada num asilo e faleceu meses depois. No asilo ficou muito triste e atrapalhada.

Minha avó era apaixonada pelo seu "novo neto", ela achava bárbaro ele lavar a louça. Dizia-me para conservá-lo e cuidar bem dele, porque os homens que lavam louça eram muito, muito raros mesmo.

No mês seguinte eu iria inscrever-me para apresentação de fim de ano do Ivaldo. Era uma loucura, tínhamos que chegar de madrugada e irmos nos organizando até a chegada da secretária (por volta de nove ou dez da manhã).

Comecei a ter problemas nas aulas, na hora de girar, perdia o equilíbrio. Fui a um homeopata e ele medicou-me como se tivesse labirintite, mesmo sabendo da E.M., pois os sintomas eram de labirinto. Eu pensei até que fosse labirinto, a E.M. não me importunava há tempos, não havia dormência. Não preocupei-me.

No dia seguinte já seriam as inscrições, fui deitar cedo para acordar de madrugada. Casa tranqüila, crianças dormindo, sono bom. Devia ser pelas duas da madrugada que senti meus músculos se contraírem me sufocando. Meu companheiro sentiu minha agitação e acordou, eu não sabia o que era aquilo porque nunca tinha sentido. Era como espasmos violentos nos músculos.

Procurei relaxar e resolvi ir ao banheiro, quando levantei não consegui ficar em pé, ele quis me ajudar e implorei que não o fizesse. Levantei e novamente caí, com ele imóvel e assustado olhando-me e sabendo que tudo o que eu queria no momento era que não viesse em meu socorro.

Resolvi ir de quatro ao banheiro, e o fiz.

Tranquei a porta, sentia fortes náuseas. Pus fora o jantar, consegui sentar-me, o esforço enjoou-me de novo. Escorreguei até o chão e vomitei mais um tanto. Eu não compreendia. Chorei baixinho para que ele não me ouvisse, lembrei da peça "Dueto para um só". Estava acontecendo. As inscrições eram dali a pouco e só podiam ser aceitas se feitas pessoalmente. Como dançar no final do ano? Estava acontecendo, então E.M. era isso também.

Voltei para o quarto de quatro, não conseguia levantar. Era difícil olhar para as coisas sem que rodassem, dando em conseqüência a náusea. De quatro e olhando o chão, o corpo tremendo inteiro, cheguei na cama e escalei-a. Ele esticou a mão que eu negava.

Tentei dormir, às cinco acordei e disse: vou indo. Vou fazer minha inscrição. Ele disse que me levaria e eu pedi por favor que ficasse com as crianças, eu iria conseguir. Acho que ele viu que era importante para mim e que o pior já estava acontecendo, que nada mais importava agora. Não disse nada.

E fui mesmo, parece que do desespero, medo e sei lá mais o que, nascem forças. Dirigi até lá, cheguei, coloquei meu nome numa lista, expliquei que estava doente e precisaria permanecer no carro. Ninguém duvidou. Embrulhei-me num cobertor, estava frio e escuro.

Às onze horas da manhã meu companheiro ficou feliz em ver-me retornando à casa.

\* \* \*

*O* Grande Labirinto...

— E começou uma nova e triste fase em que não sabíamos o que fazer. Dizem que a desgraça quando vem, nunca vem sozinha... por incrível que pareça estava acontecendo um congresso de neurologia no norte do Brasil e eu, pelo convênio, não encontrava nenhum neurologista em São Paulo.

Estavam no tal congresso em peso.

Encontrei um e, justamente este um não era mais do convênio. Por um grande acaso, nós estávamos sem dinheiro para pagar a consulta, que deveria ser domiciliar, pois era sábado e ele não se encontrava no consultório. Muito, muito mais caro.

Não teve jeito, nem acordo, ele recusou-se a atender. Uma conhecida levou-me ao acupuntor e fomos "quebrando o galho" até que o congresso terminasse.

Fui piorando, piorando muito. Nada parava no estômago, passava quase o tempo todo na cama, sem forças. Ainda assim fiz coisas que hoje, sinto, ajudaram na minha recuperação: escorava-me na parede e locomovia-me de um cômodo ao outro; ia de quatro para o banheiro para fazer minhas necessidades; comia sozinha, mesmo com dificuldade de levar a comida à boca; para tomar banho, após eu ir de quatro ou escorada ao banheiro, sentava-me na banheira e tomava banho sozinha.

Ficava "braba" se alguém tentava ajudar-me, sentia que devia encontrar outros meios na nova condição que se apresentava.

Também, por mais uma incrível coincidência, minha mãe adoeceu, a empregada também. Meu pai ajudava como podia, pois tinha filho pequeno na época, minha sogra morava em outra cidade... ficamos só nós dois com as duas crianças. Muitas vezes eu ficava só com as crianças porque ele tinha de sair para buscar medicamentos ou para tocar.

Minhas cordas vocais ficaram afetadas e eu falava com dificuldade. Meu rosto adormeceu completamente do lado esquerdo e a musculatura relaxada deformava minha face e dificultava ainda mais a fala. A boca e garganta também adormeceram... eu não sabia mais como poderia ficar pior a situação.

Piorou quando comecei a enxergar as coisas invertidas: espelho e armários no teto, os móveis numa distância que eu não compreendia. Não conseguia mais ficar em ambientes com muitos estímulos visuais. Dennis ajeitou um cantinho na sala onde eu visse poucas coisas para dormir em paz.

Eu não sabia avaliar minha situação porque era muito diferente das outras vezes, não sabia se aquilo passaria, ficaria ou pioraria.

*  *  *

—*U*ma semana depois houve um dia que piorei muitíssimo, Dennis tinha ido levar as crianças na escola. Resolvi que deveria me internar, como das outras vezes, e tomar o cortisona em soro.

Liguei para a escola de meu filho, por ser próxima a minha casa e pedi ajuda. O dono da escola pegou-me em casa. Escolhi um hospital pelo convênio, também próximo à minha casa. Expliquei meu caso e pedi um neurologista. O neuro ouviu-me com desdém e pareceu ofendido por "eu dar o diagnóstico", tratou-me com deboche. Internou-me e disse que eu tinha labirintite. Ministrou-me um soro simples só "para me agradar". Meus familiares chegaram depois e contaram meu histórico: ele desprezou.

No dia seguinte minha mãe conseguiu levar ao hospital o médico-acupuntor que me atendia para conversar com o neuro. Aí ele começou a ministrar-me o cortisona e a fazer os exames de rotina. Tomografia, líquor... o hospital não tinha ressonância magnética. Aliás, eu nem sabia da existência deste exame.

Pedi fisioterapia, e não fui atendida, Dennis me ajudava com os exercícios e à noite me aplicava massagem. Fiquei neste esquema por uma semana.

45

O neuro resolveu que eu poderia ir embora e tirou o soro dando-me alta. Como não foi tirando o cortisona gradativamente, diminuindo as doses, perdi os sentidos e voltei para o soro.

Fiquei mais um pouco no hospital diminuindo a dose...

\* \* \*

— *V*oltei pior para casa e impressionada com a incompetência do médico. Descobri que eu, sabia mais do que ele, ao menos no que se referia à minha doença.

Pelo convênio ainda não tínhamos conseguido outro médico. Meu pai ofereceu-se para custear a consulta com o outro médico, o que não era mais do convênio, nós não conhecíamos outro.

Nas novas condições (pagando), ele foi à minha casa. Disse que eu teria de ser novamente internada para receber mais corticóide e fazer a ressonância magnética.

Eu concordei porque sabia que precisava de cuidados urgentes, mas detestei o médico e sua atitude.

Compreendo que os médicos precisam cobrar, também sou profissional, mas percebo que há momentos em que não nos custa discutir outras formas ou fazer algum tipo de acordo. Penso também que ele deveria ter-me atendido no primeiro momento que o solicitei, por uma questão de humanidade. Ou dado alguma outra sugestão como alternativa.

Ele havia nos deixado "na mão", abandonados. Quando conseguimos o dinheiro para a consulta ele veio correndo e cheio de solicitudes.

Fui para um hospital muito bom, pelo convênio e com "meu médico particular". Tive que usar a cadeira de rodas. Foi a primeira vez que sentei numa cadeira de rodas e era como se ela me engolisse. Senti-me, pela primeira vez, impotente. Submeti-me a vários exames, continuava a tomar cortisona, fazia fisioterapia, sem progressos. Fiz a ressonância.

Em um final de tarde o médico veio ver-me e falar dos resultados. Dennis tinha ido cuidar das crianças, eu estava só. Ele mostrou-me o resultado da ressonância, as "placas" em meu cérebro, concluiu esta entrevista dizendo que agora estava confirmado o diagnóstico, era E.M.

Respondi-lhe que isto vinha me sendo dito. E agora? O que poderíamos fazer? Nada, disse ele, agora era esperar. Como esperar? O que poderíamos fazer AGORA? Nada, repetiu ele. O que podia ser feito já havia sido feito.

Perguntei-lhe se eu iria ficar naquele estado e como poderia sair dele. Não dá prá fazer nada, repetiu ele, a tendência pode ser melhorar. Era esperar... e guardou os exames num envelope que deixou sobre uma mesinha ao lado da cama.

Deu boa noite e retirou-se. Fiquei só. Só não. Minto. A E.M. estava comigo, eu agora a sentia como presença palpável, bem junto a mim, como se tivesse me "incorporado".

\* \* \*

— *F*ora, um movimento me chamava. Sentei-me em frente à grande janela e vi as árvores enormes que o vento movimentava, era uma dança tão linda e suave... eu me perguntava se um dia dançaria novamente.

Sentia-me fraca, triste, feia... meu rosto estava meio deformado, minha voz era um esgar.

As árvores me causavam enorme admiração, lindas, em minha mente vinha uma música e as via dançando no vai-e-vem suave. Procurei sentir-me árvore. Será que vou conseguir?

Estava chateada com todos os médicos do mundo. Afinal, o que eles estavam fazendo?

Eu passava o dia no hospital, me preocupava com minha alimentação, pedia fisioterapia, me obrigava a caminhar pelos corredores para exercitar meu equilíbrio arrastando comigo meu suporte de soro... o médico vinha ver-me uma vez por dia e ficava comigo uma média de dez minutos a preço de ouro!

Ele nem ao menos sabia o que se passava em meu coração e o tamanho de meu medo.

Meu Deus! E se eu ficasse assim? Pior... e se piorasse? Meus filhos ainda pequenos e precisando de mim, quem cuidaria deles? Eu queria cuidar deles e minha dor aumentava imaginando-os de outra forma... e Dennis? Cuidaria de mim? Quanto tempo suportaria? Cuidaria dos meus filhos? Como cuidar de tudo... E eu, o que seria no meio disso tudo? Um ser restrito... não. "Por que comigo?" Isto não poderia estar acontecendo comigo!

\* \* \*

— *C*omo é egoísta o ser humano, não é mesmo? Até parece que eu era o único ser portador de E.M. no planeta, se haviam outros seres, por que comigo? É um completo absurdo.

Se era comigo, é porque tinha que ser comigo e não com outro. Era um desafio. Manter um relacionamento estando inteiro era mais fácil, eu teria de descobrir novas formas; teria de verificar como cuidar dos meus filhos, trabalhar, tudo neste novo estado. Se fosse preciso usar uma bengala eu a usaria, teria de dar aulas de ginástica e dança usando bengala e novas expressões para ser compreendida por meus alunos. Teria de mostrar-lhes que é necessário transpor preconceitos e reconhecer outros valores. Que havia outros movimentos.

Ocorreu-me que o surto veio porque tudo caminhava bem, era como se eu "não merecesse tanto" e me deixasse tomar pela doença para acreditar que não ia dar certo mesmo... Uma justificativa para não fazer. Graças a Deus, Dennis chegou.

Nos abraçamos e choramos o mais silenciosamente que conseguimos. Nossos medos permaneceram abraçados, vi em seus olhos que o pavor não era só meu.

*  *  *

— *O* dia seguinte surgiu sem sol, cinza e frio. Sentei-me na cadeira para ver a dança das árvores que me inspiravam a montar uma dança que se chamaria "O resgate da Maçã".

Meu companheiro ficou comigo, recusando-se a me deixar, conversávamos em como nos conduzir neste novo estado, meus olhos pareciam "cachoeiras", eu não continha as lágrimas.

Vinham sem controle, sem soluços, sem escândalo.... simplesmente vinham. Pedi a ele que arranjasse "um remédio para parar de chorar". Qualquer coisa, porque eu não queria ficar chorando assim.

Ele saiu e solicitou um antidepressivo. Minutos depois do seu retorno, veio uma enfermeira.

— Puxa vida! Por que está tão triste?

— Ora, eu não estou triste, só não estou conseguindo parar de chorar, por isso pensei num antidepressivo. Sei que não vou ficar assim chateada para sempre.

— Vamos, pense em coisas boas.

— Estou pensando em fazer coisas boas, acredite. Estou verificando em como continuar tudo com E.M.

— Veja bem, antidepressivo não vai ajudá-la. Veja o lado bom, seu marido aqui com você... vocês têm filhos?

— Temos um casal. O mais novo tem cinco anos. (Só cinco anos, meu Deus... o que vai ser... minha garota, como estará?)... lágrimas, lágrimas.

— Então, não é sorte? Devem ser lindos...

— São mesmo...

— O que você faz?

— Sou dançarina. Trabalho com dança...

Nossa conversa findou aí, ela não conseguiu perguntar-me mais nada. Disse que pediria ao médico o antidepressivo.

Quando voltou não os trouxe, veio com algo melhor. Pediu-nos sigilo quanto ao assunto pois ela era assistente do neuro que estava me atendendo. Disse ter uma prima portadora de E.M. e que também havia ficado em condições péssimas e que um neuro no Rio Grande do Sul a havia tratado e ela estava muito bem. Perguntou-nos se gostaríamos de conhecê-lo. Sim, sim, sim...

Dez dias depois fomos ver o médico, eu caminhava amparada. O neuro surpreendeu-se em como eu não acreditava mais em médicos (por que seria?), tratou-me bem, passou-me alguns medicamentos que imediatamente melhoraram minha locomoção e motricidade.

Surpreendi-me ao verificar que eram medicamentos que poderiam ser comprados com receita em qualquer farmácia. Porque o outro médico não os receitou? (Soube mais tarde que alguns médicos acham que em alguns casos não compensa a tentativa, que é "chover no molhado". Acredito que temos DIREITO à tentativa)...

Com este médico fiz um tratamento com Roferom Alfa, outro medicamento que alguns médicos de São Paulo se recusavam a ministrar na época e que me foi muitíssimo bom.

Ele também explicou-me em detalhes o que era E.M., como conviver com ela. De tudo que me disse vi que eu já acertava na alimentação e exercícios. Durante o tratamento meu acupuntor manteve contato com o neuro e sempre foi bem tratado e orientado. Graças a acupuntura foi possível minimizar os parefeitos do medicamento.

Durante minha ida a Porto Alegre minha mãe foi ao encontro do médico que havia me atendido anteriormente e confirmou meu diagnóstico de E.M. Ela pagou-lhe os honorários e ele sequer perguntou por mim.

No final do ano dancei no espetáculo do Ivaldo Bertazzo, chamava-se "Queria que fosse eterno".

\* \* \*

— *O* que aconteceu fez-me pensar na postura ortodoxa dos médicos que consultara até então. E como esta postura pode ser perigosa para o portador.

O último neuro salientou-me a importância da alimentação; ele não era naturalista, mas disse-me ser "cientificamente provado" que carne vermelha e enlatados são maléficos para portadores de E.M.

A questão também de não ministrarem medicamentos acreditando que não iriam fazer efeito.

A questão de nunca ter recebido uma orientação adequada... concluí que os médicos haviam me tratado como se eu fosse "uma E.M." e não um ser que tinha a doença, não um ser com possibilidades de reagir, de não querer ficar doente e com profundo desejo de buscar maneiras de melhorar, mesmo sendo um portador.

Concluí também que alguns médicos não aprovam esta busca. É como se o fato de querermos outras alternativas seja uma espécie de ofensa, como se não acreditássemos na palavra deles. Mas o caso não é esse... acho pouco um médico dar-me um diagnóstico e dizer-me que não há nada a fazer; pior ainda é o médico chatear-se comigo se eu tentar outras possibilidades. Afinal, o que quer este médico? Que nos conformemos e esperemos tranqüilamente as atrofias e paralisias? Para quê? Para provarmos que o médico disse a verdade? Ora, ora... ter um diagnóstico bem feito e boa orientação me fez muito bem; ter sido tratada carinhosamente me acalmou; estar bem informada sobre a doença me norteou... aquele foi um bom médico.

*  *  *

— Lembro-me de certa vez, quando esperava minha primeira filha, estava com a barriga enorme num parque infantil imaginando-me ali na areia com meu futuro bebê.

Havia muitas mães e bebês, e crianças maiores também, uma criança ia subir num murinho e a mãe ficava: "desça daí, você é muito pequeno e pode cair!" aí a criança caía e ela dizia vitoriosa "Viu! Eu lhe disse!"

E assim iam fatalizando, a grande maioria delas: "Espere por mim, sozinho você não consegue!", "Cuidado! Você pode bater a cabeça!"

E dá-lhe criança chorando... "eu avisei, eu avisei".

Caramba! Com tantas mães rogando praga, não tinha como dar certo mesmo!

Esta cena sempre vem à minha mente quando os médicos são fatalistas. As posturas não diferiam: uma era que não queriam que fizéssemos nada porque já tinham nos contado o que seria nosso futuro, então não havia nada para se fazer a não ser acatar; outra era "se fizer algo e piorar, não diga que não lhe avisei"!

\* \* \*

— *B*em... eu me sentia muito bem e agradecia a Deus pelo neuro que havia sido colocado em meu caminho através de um Anjo vestido de enfermeira.

Agradecia ao médico o medicamento mágico que havia me levantado. Um dia o jornal *Shopping News*, de São Paulo, veio entrevistar-me, era uma matéria sobre E.M. e queriam meu depoimento.

A princípio relutei, fiquei com medo. Ainda estava em tratamento e tinha conseguido abrir a escola com meu companheiro. No momento dava aulas de dança para crianças e "ginástica alternativa" para adolescentes e adultos, as coisas iam bem. Qual seria a reação das pessoas se soubessem da doença?

No fim acreditei que seria importante para a comunidade e outros portadores de E.M. e topei.

Pediram que eu fizesse uma pose de dança para uma foto, ainda tinha dificuldades quanto ao meu equilíbrio, com muita concentração a pose que eles queriam saiu.

Na semana seguinte levei o maior susto ao ver minha foto grande no jornal! Fiquei apavorada, depois relaxei na base de "seja o que Deus quiser".

## Saúde

# sclerose: doença de muitos sintomas.

### Novas chances na medicação

Especialistas e doentes, porém, têm grandes esperanças de que um remédio definitivo para a esclerose múltipla será desenvolvido a médio prazo. Hoje, a doença geralmente é tratada com medicamentos a base de cortisona ou de produtos que atuam sobre o sistema imunológico. Luiz Augusto explica que as boas perspectivas em relação aos novos medicamentos vêm do fato de os laboratórios estarem fazendo enormes investimentos em pesquisas do setor de imunologia, inclusive por causa da Aids. "Estudos nessa área, sejam eles voltados para o câncer, a Aids ou alergias, acabam descobrindo novos aspectos e detalhes do funcionamento do sistema de defesa do organismo com avanços no tratamento de todas essas doenças. Além disso, como a esclerose múltipla afeta pessoas em idade produtiva, os laboratórios têm grande interesse na procura de um medicamento eficaz", conta.

A medicação para a esclerose múltipla nem sempre é cara, mas, por ser uma doença de múltiplos sintomas, ela exige um tratamento multidisciplinar, com trabalho de fisioterapeuta, fonoaudiólogo, terapeuta ocupacional e muitas vezes psicólogos e é isso que torna o tratamento caro. De acordo com o neurologista, o problema maior é que os serviços públicos de saúde não garantem o atendimento gratuito e contínuo des pacientes e os convênios de saúde não aceitam portadores de doenças crônicas. "A saída são as associações de pacientes - aliás, não só para a esclerose múltipla. Em grupo é mais fácil conseguir remédios, pressionar as autoridades para que estas dêem atenção ao problema."

(RHB)

*Observada pela filha Janaína, Valéria faz o que mais gosta: dançar.*

Logo em seguida o repórter do jornal ligou-me, recebia muitas ligações de portadores que queriam falar comigo. Autorizei que dessem meu telefone.

Falei com muitas pessoas que estavam entusiasmadas depois que viram minha foto no jornal. Alguns familiares me pediam para receber o portador e conversar pessoalmente, e eu assim o fazia.

A A.B.E.M. convidou-me para fazer uma palestra num de seus almoços (na ocasião eu já havia mudado quase que radicalmente minha alimentação e acabei não comendo nada). Contei minha

55

história, que foi registrada em vídeo por um dos portadores, falei coisas (que eu acreditava...) que poderiam ajudar na melhora e/ou boa manutenção do portador. Neste dia arrumei alguns inimigos que acreditavam que eu era uma ameaça, porque julgaram que eu levava uma fala ilusória, de falsas esperanças.

Sem eu saber, um grupo organizou-se e procurou-me na semana seguinte. Eles queriam consultar o mesmo neuro que eu havia consultado, mas não tinham condições financeiras de ir até ele. Pediram-me que sugerisse que ele viesse até o grupo e eles lhe pagariam a passagem.

Mesmo apreciando muito este médico, não acreditei que concordasse com tal proposta e devolvi o problema ao grupo, passei o telefone do médico e sugeri que conversassem com ele.

Eu tinha receio de decepcionar-me, "o homem é bom, mas é médico" e médico sempre é cheio de histórias.

\* \* \*

— *E*le estava indo para Londres quando recebeu a ligação das pessoas e prontificou-se a receber uma pessoa no aeroporto, na escala em São Paulo. Ao chegar, dez pessoas o aguardavam.

Dias depois, ele retornava ao Brasil e me ligava: "Menina, precisamos trabalhar! É possível atender estas pessoas em tua escola"?

Ainda bem que eu estava sentada!

\* \* \*

$\mathcal{F}$oi assim que acabei, durante quatro anos, fazendo um trabalho junto a este neuro em meu espaço, que era também minha casa.

Na primeira vinda do médico senti muito medo, a agenda dele estava repleta e me apavorava pensar no estado de algumas pessoas que eu teria que receber. Eu terminara meu tratamento recentemente e temia adoecer novamente por contato com pessoas em piores condições, até mesmo por questões de ordem emocional.

Escrevi para minha mãe pedindo que viesse ficar comigo, nesta primeira vez. Ela veio, e juntas ajudamos as pessoas, carregamos outras... Dennis também carregou muitos portadores, minha casa não possuía rampa.

Em muitos momentos nossos olhos enchiam-se de lágrimas, nosso coração se apertava, ao ver o estado do outro e temendo que eu "regredisse" para o mesmo estado. Mas passei no teste.

O neuro fazia suas consultas com a competência e estímulo de sempre, vinha numa média de três vezes ao ano, minha parte consistia em "animar" as pessoas com meu próprio exemplo.

O médico em suas vindas dava palestras gratuitas sobre E.M.: o que era a doença, como viver com ela, medicamentos em uso, experiências. Sempre era salientado a alimentação e exercícios físicos, o movimento era bastante valorizado.

Neste período especializei-me em massagem oriental e passei a dar atendimento aos portadores. O neuro também incentivou-me a trabalhar com Florais de Bach, assim o fiz.

Muitos portadores tomaram o mesmo medicamento que eu havia tomado; montei um grupo onde os portadores iam acompanhados de seus familiares que aprendiam fazer massagem e recebiam orientação alimentar; ensinei muitos a preparar o alimento integral, montei um grupo de portadores para fazerem aulas de ginástica alternativa... estes trabalhos, com exceção dos atendimentos individuais, sempre foram voluntários.

Era um trabalho "Hercúleo" e com resultados muito lentos. No final do terceiro ano estava desanimada e triste com o pouco êxito nas melhoras (embora mais de 50% dos pacientes estivessem bem!), passei, intimamente, a questionar o trabalho do neuro.

Verifiquei então que ele tinha boa vontade até de sobra; em Porto Alegre ele já trabalhava excessivamente. E o remédio maravilhoso? Por que não fazia efeito nas pessoas?

*A triste constatação foi que não bastava tomar o medicamento... junto tinha de vir o desejo profundo e autêntico em sarar. Descobri que muitas pessoas não queriam isto de verdade, ou apenas esperavam um milagre tipo – tomo uma injeção e saio andando, abandonando a bengala ou cadeira de rodas.*

Resolvi persistir até o quarto ano e lutar mais um pouco para diluir a resistência das pessoas que atendíamos, para fazê-las compreender a vantagem de mudar a alimentação, de exercitar-se diariamente. A grande vantagem, inclusive, em resistir sem tratamento medicamentoso, que geralmente ajuda de um lado "entortando" do outro, se pensarmos em nossos pobres fígado e estômago!

* * *

Não existe um fato isolado. A vida é um grande quebra-cabeça, no qual ao juntarmos as peças compreendemos o significado.

Para entender melhor meu corpo (interna e externamente), envolvi-me em caminhos bastante positivos, que acabaram por ajudar a mim, ao meu trabalho, à minha relação familiar...

Quando se é portador de E.M., não se fica sozinho nesta situação. Mesmo que a gente não queira, acabamos por influenciar nas regras a nosso favor, pois, obrigatoriamente, a família também torna-se portadora.

O fato é que qualquer doença nos estabelece a escolha de evolução ou involução, e é uma escolha delicada, porque é conjunta. O doente pode escolher ser mártir derrotado e carregar consigo toda a família, ou pode escolher ser saudável. Assim como a família pode escolher que o doente permaneça doente ou não.

A segunda escolha parece impossível para os céticos, é a mais difícil e também a de maior aprendizado. Entregar-se muitas vezes é mais fácil para o doente e seus familiares.

O caminho mais difícil é o mais rico, nos põe em contato com muitos universos diferentes, muitas reflexões, muitas buscas. Pelo caminho encontramos coisas que servem muito ou quase nada, mas o mais importante é aprender que de tudo se aproveita ao menos um pouco. Nenhuma busca é perdida.

Trabalhar com portadores e suas famílias fez-me olhar para minha família, para mim mesma. Conviver com a E.M. colocou-me num caminho que só fazia melhorar minha qualidade de vida, aprimorava meu trabalho na medida que eu buscava e aprendia mais e mais coisas. Graças a isso tornei-me Terapeuta Holística.

Junto com o trabalho aos portadores, aconteciam-me coisas que considero especiais. Logo no início deste trabalho ainda me recuperava do último surto e fui com Dennis e meus filhos passear numa região montanhosa.

No primeiro dia subia e descia pelas trilhas com a ajuda de meu companheiro, estava com pouca força nas pernas.

No quarto dia já caminhava com maior liberdade e sem precisar de ajuda. Gostei da novidade e percebi que oferecer ao meu corpo caminhos mais acidentados e imprevisíveis o tornava mais forte.

Nos quatro anos de atendimento aos portadores mantivemos nossas idas a este lugar. Quando eu sentia-me estressada ia sozinha e ficava uma semana "subindo e descendo" montanhas.

Procurei mostrar às pessoas como é importante dar tarefas além das corriqueiras ao corpo, constatei que esta é a "segunda escolha", e que não é pretendida pela maioria.

Ainda neste período refleti muito no que vinha fazendo. Durante quatro anos orientei portadores de E.M. para que melhorassem sua qualidade de vida, fazia atendimentos particulares que, basicamente, constituíam-se na mesma temática. Enquanto isso vivenciava uma vida atribulada, não conseguia nem ao menos ter uma refeição tranqüila com meus filhos. À noite estava tão cansada... mas que belo exemplo, não?

Quando as coisas ficam assim tão incoerentes, a vida parece que dá um jeito de colocá-las em seus lugares.

Foi o que aconteceu. Parece que alguém "virou-nos de cabeça para baixo", tudo chegou ao limite do caos, obrigando-nos a encarar as mudanças necessárias. Propus à minha família que fizéssemos uma mudança radical... direto para as montanhas, sem escalas.

*  *  *

$\mathcal{E}$ hoje? Não há medos, dúvidas, surtos...? Claro que sim. Em 1996 tive um outro surto forte depois de quase nove anos após o tratamento. Assustei-me porque estava muito bem, inclusive pensando que não era possível que tivesse E.M., que ela tinha ido embora. Ganhei de presente, no início de 1997, mais um tratamento, agora com Alferon, passei por altos e baixos físicos e emocionais bastante complicados.

Um período de muitas vertigens. Período de novas descobertas, duas muito importantes: para melhorar vertigens e recuperar o equilíbrio, nada como o movimento; para não sentir medo deve-se compreendê-lo e percebê-lo como se fosse uma sombra indesejada e buscar caminhos de luz.

Na sombra as imagens não ficam definidas, ficamos confusos; arriscamos a nos misturar com a confusão, com a sensação de que "tudo está perdido". Nossas atitudes, de um modo geral, tornam-se negativas e amargas, é o momento de buscar outras atitudes e formas, é o momento de QUERER buscá-las, na verdade.

Alguém sempre comenta: "É, mas não é fácil!" E quem disse que seria? Que garantias recebemos quando nascemos? É completamente fácil para alguém? Por que é difícil?

É difícil porque não aceitamos as mudanças que às vezes são necessárias; porque nos apegamos às nossas sempre iguais formas de ser e viver; porque consideramos ter novos hábitos ou caminhos como grandes perdas.

É difícil porque permanecemos cegos para a maravilha de descobrir novas formas; porque sentimos que é cansativo tomar conta de nós mesmos; porque gostamos de nos conformar, assim não temos que fazer nada... porque temos medo.

Ouço muitos questionarem: "Mas quem garante que é bom?... ou ...vai dar certo, se eu..." entendem? As pessoas querem garantias, e que os outros ofereçam estas garantias; quando, na verdade, nós é que temos de nos garantir. Ninguém garante nada. E mesmo assim compensa, não importa se não há cura, se lá na frente de repente nos esperar uma cadeira de rodas. Importa é que não queiramos sentar nela, nem hoje, nem nunca, é este "não querer" que nos oferece os caminhos mais interessantes.

\* \* \*

*B*em, como disse no início, não tenho fórmulas mágicas e sei que as pessoas são diferentes uma das outras. Assim o que escrevo daqui para frente não considero como receitas e sim impressões e vivências que experimentei e me foram (e ainda são) valiosas, tanto na melhora quanto na manutenção da saúde.

Talvez alguma coisa sirva para você.

*Família* – estes anos me mostraram reações familiares com relação a E.M. de muitos extremos: a família que protege demais o portador; a família que não protege nada, porque acha que tudo isso é "manha"; a que deixa o doente mais doente ainda para se chegar logo à parte pior (já que vai ser assim... que seja logo!).

Poucas vi trabalhando no sentido de conscientizar o portador.

O que quero dizer é o seguinte:

Cuidado para não se orgulhar de como você, parente, cuida bem e "faz tudo" para o portador.

É perigoso porque às vezes é mais fácil cuidar do outro do que ter paciência de deixá-lo cuidar-se ou movimentar-se dentro de suas próprias condições e possibilidades. É perigoso porque quem está doente e se entrega completamente a este "ser cuidado", pode acelerar uma história que, não necessariamente, seria a sua própria. É perigoso porque, tanto quem cuida, como quem é cuidado, pode ficar prisioneiro desta situação, fechado para outras alternativas.

Que os familiares não interpretem como "manha" o que não compreendem. Não queiram que o portador seja forte o tempo todo. Não queremos ninguém lamentando-se, nem pretende-se que as lamúrias sejam estimuladas, mas há momentos dolorosos.

Nestes momentos, dor é dor, medo é medo. Com certeza a família também sente dor e medo. Sentir juntos não tira pedaço de ninguém. Chorar traz união e força, e ajuda a sair rápido dos movimentos depressivos.

*Familiares* – queiram que o portador melhore. Não se ofendam com esta observação nem com as anteriores – devemos ser humildes para estarmos abertos ao reconhecimento de nossos acertos e enganos. Portanto, cuidado com as observações do tipo: "Ah! Não adianta, ele já não tem mais jeito... Não há mais remédio. Eu falo, mas ela não ouve... Já experimentei tudo isso, não deu certo, isto é parecido. Não vai dar certo... – e por aí a fora.

Presenciei inúmeras cenas com estas falas, com o portador em prantos diante do falante orgulhoso.

Vejam bem, não estou julgando nenhuma atitude, as pessoas não fazem isso de propósito, só estão desorientadas. Na verdade todos querem fazer o melhor possível.

O que é melhor? Não sei. Só sei que desestimular alguém – doente ou não – é pior.

Convide-se a mudar estas atitudes. Experimente.

Algumas famílias, no intuito de ajudar, colocam tantas barras e outras coisas pela casa que facilitam o portador a não exigir mais de si mesmo. Claro que deve haver facilidades, mas fique atento para os exageros. Ofereça o que a pessoa precisa, mesmo, para que ela possa não só entregar o corpo, mas fortalecê-lo.

Não ignoro que há pessoas que precisam de muita ajuda, não quero dizer que esta ajuda não seja oferecida. Não sugiro que estas pessoas não sejam cuidadas, devem ter facilidades, sim. Mas aquelas que tiveram um mínimo de condições para fazer qualquer coisa devem fazê-lo.

Hoje sinto como é maravilhoso poder movimentar meu braço e comer sozinha... caminhar, às vezes meio trôpega, mas caminhar, dentre tantas outras milhares de coisinhas que podemos fazer, conquistando um mínimo de autonomia.

O outro extremo é dar todas as condições para que o portador se vire sozinho... numa casa separada! Também já vi coisas assim.

Como estar sabendo se está agindo bem ou mal? O que é certo ou errado? Sinta, ouça seu coração e você saberá.

*Portador de E.M.* – ao portador digo (de novo!) que as pessoas são diferentes umas das outras. Por isso mesmo é bom ouvir-se, conhecer-se; e este é um trabalho que não tem fim. Quando acreditamos que já estamos afinados, aparece uma novidade.

É positivo ouvir o que o neurologista passa, mas é duplamente positivo sentir como você é. Não sei realmente o que os médicos sabem, não tenho o conhecimento que eles têm, mas sei mais do que eles no que se refere a mim mesma. Isto me ajuda muito, por isso incentivo esta postura.

Portador e médico devem trabalhar juntos.

O portador tem direito de colocar-se, de experimentar, de buscar, e o médico quando é bom (principalmente bom de "coração") não se sente ameaçado.

É bom haver bom senso do portador em seguir um tratamento medicamentoso quando necessário, e bom senso do neuro em não recriminar seu cliente se ele pretender – junto ao tratamento – buscar mais caminhos para estar bem.

O ser tem que poder SER. Tem a obrigação de cuidar-se bem. Por quê? Porque é seu corpo, seu ser. Se você está aqui no planeta, é uma grande sorte, a oportunidade de fazer algo, independente do tamanho deste algo.

Cuidar-se por você mesmo, porque você gosta de si. Cuidar-se para desfrutar a companhia daqueles que você ama.

Digo quantas vezes precisar: não há perdas. Há mudanças.

Se uma atitude nossa é prejudicial à nossa vida, por que insistir nela?

Verifique com seu médico, e por si mesmo o que não lhe faz bem, e não faça.

Digo "por si mesmo", porque à medida que vivemos, vamos descobrindo o que nos convém ou não. Por que é tão difícil para algumas pessoas abandonar hábitos que as destróem? Por que não beber álcool parece tão terrível? Por que deixar de comer carne de porco é horrendo? Dentre outras coisas...

Portador, reflita: fumar faz bem para alguém? Não, não mesmo. Então, não fume. Para nós fumar é péssimo. Para as pessoas comuns é ruim, para quem tem problemas neurológicos é pior.

Por que ao invés de sentir-se tão injustiçado pela vida, a pessoa não se sente premiada no sentido de descobrir e vivenciar coisas novas e diferentes?

— Não fique sozinho: busque, se sentir necessidade, apoio em associações; participe de grupos ou faça uma terapia; um acompanhamento psicológico para ajudá-lo na "recente descoberta".

Querido portador, a alimentação é tão importante! Pesquise uma alimentação que faça bem, que o mantenha disposto. Faça do ato de comer um ritual sagrado: é o momento de nutrir-se, de manter-se vivo graças aos alimentos.

É, para a maioria de nós, o momento de sentar com nossa família; de fazer uma pausa no trabalho; de comemorar algum evento... usamos convidar à nossa casa aqueles que gostamos para desfrutar conosco um almoço ou jantar. Puxa vida! Queira dar o melhor alimento a si próprio! Queira estar adequadamente alimentado para estar com saúde.

Se você souber como funciona o organismo, você escolherá com muito cuidado seus alimentos.

Aprender um pouco de anatomia e fisiologia não faz mal para ninguém. É conveniente nos conhecermos por dentro e por fora.

É bom fazer movimentos físicos; com a E.M. aprendi que o melhor antídoto para os surtos é entrar no "movimento da dificuldade". Por exemplo, está com vertigem? Faça movimentos que exijam equilíbrio.

Recuse-se a ficar parado, não fique paralisado junto com a E.M., caminhe a favor de si mesmo. Caminhar a favor de si mesmo, é fortalecer-se. Alguns vão questionar devido às suas dificuldades em fazer movimentos durante os surtos, ou mesmo fora deles.

As sugestões são:

• Faça o que der para fazer, dentro das condições presentes em seu momento, mas não deixe de fazer.

• Se for muito difícil, peça para alguém movimentá-lo.

• Se o seu caso for o de alguém ter de fazer os movimentos para você, não fique passivo. Quando o outro o movimentar concentre-se na parte que está sendo movimentada.

• Faça visualização, se for difícil erguer uma perna, feche os olhos e mentalmente erga a perna. Você sentirá uma resposta física em sua perna (mesmo que pequena) que terá tendência a aumentar. Isto vale para qualquer parte de seu corpo.

A visualização vale para qualquer circunstância. Se você fizer uma visualização antes do movimento que se propõe a fazer, este terá melhor qualidade após a visualização.

Vejo muitas pessoas com predisposição para NÃO melhorar, que buscam orientação e durante a conversa falam assim: Ah! Mas eu não consigo!... Puxa, é tão difícil... É, mas você está bem, eu não...

Fico triste com estas afirmações. Estou bem porque procuro estar bem.

Estou bem o tempo todo? Não. Há momentos que não estou bem, mas não quero ficar presa nestes momentos. Não agüento não querer melhorar porque "pode ser" que eu fique paralítica no futuro. Não fazer nada é ficar paralítico "agora".

As pessoas me perguntam: para que se empenhar tanto, se já estou doente?

Ora, respondo: porque é bom viver.

\* \* \*

*E*u, portadora. O que eu faço?

Quero deixar claro que o que sigo é bom para mim, se você concluir que também lhe fará bem, "faça o que digo e faça o que eu faço", mas sempre observando-se porque, com certeza, algumas coisas você terá de adaptar para o seu jeito. E a melhor maneira de se fazer esta adaptação é observando-se, conhecendo-se cada vez mais.

Vou, daqui em diante, relacionar o que faço de um modo geral. Sinto que é saudável também para os outros, peço que não seja preconceituoso, tipo: Ah! isso não dá certo. Isso já experimentei...

Se você já experimentou, experimente de novo. Eu mesma "experimentei" consultar neurologistas, e só acertei no que combinava comigo quase dez anos após o primeiro diagnóstico de E.M.

*Neurologista* – primeiro "item" da lista, pois é importante. Segundo eu creio, o neuro deve ser nosso grande amigo, passar o máximo de informações, para que aprendamos sobre E.M. e possamos compreendê-la tão bem, que nos seja possível viver com ela em paz. É bom que ele acredite que o medicamento será bom para nós, independente de nossa condição. Esta confiança é positiva para o paciente, pois ele fica imbuído de fé, de vontade de melhorar.

É bom que ele nos deixe experimentar drogas novas, sem julgar que para os pacientes em "pior estado" não vai adiantar. Na verdade ele não sabe. Se o médico basear-se na média geral, estamos perdidos! Às vezes aquele que parece não ter mais jeito, tem jeito sim! Digo com toda certeza, porque aconteceu comigo.

Portador, não se acanhe de mudar de neurologista quantas vezes for preciso.

O neurologista deve ser nosso companheiro de estrada, aquele que confiamos, que nos possibilita experimentar tudo o que for útil para nossa cura. Procure até encontrar aquele que caminhe e compartilhe com você, uma pessoa que o faça " sentir-se feliz".

*Boa-vontade* – nunca tomo um medicamento e fico passiva. Se tomamos o medicamento e não nos cuidamos, não temos como melhorar. Primeiro, sempre que vou começar um tratamento, já "acredito" que vai dar certo. Se não der, começo outro, e acredito, de novo, que vai dar certo... Segundo, não acredito que o remédio sozinho vá me salvar. Conheci um caso assim: – Tomava medicamento e fazia questão de não abandonar as "boas coisas da vida". Ou seja (neste caso) alimentos inadequados (lingüiça, carne de porco, enlatados etc...), muito cigarro e mau humor. Também com o fígado saturado, não há bom humor no pedaço... Pergunto: estas são as boas coisas da vida, segundo quem?

É aí que entra a *boa-vontade*. Quando a doença leva-nos à reflexão. Bem, parto do princípio que se não vai fazer bem, para que usar? Boa-vontade...

Por quê? Para estar com a saúde boa para curtir a vida, a natureza. os que amamos. Para poder fazer coisas maravilhosas.

Disse o Dr. Edward Bach*:

– "Qualquer que seja a nossa condição, a de trabalhador numa cidade populosa ou a de pastor solitário nas colinas, esforcemo-nos em converter a monotonia em interesse, o dever em uma alegre oportunidade para uma nova experiência, e a vida cotidiana num intenso estudo da humanidade e das leis fundamentais do Universo. Em todo lugar há amplas oportunidades para se observar as leis da Criação, tanto nas montanhas como nos vales, ou entre nossos irmãos. Antes de mais nada transformemos a vida numa aventura de interesse absorvente, onde o tédio não é mais possível e, a partir do conhecimento assim adquirido, busquemos estabelecer uma harmonia entre nossa mente, nossa Alma e a grande Unidade de Criação de Deus... Não nos pedem que sejamos todos santos, mártires ou pessoas de renome; à maioria de nós estão reservados trabalhos menos notáveis; mas se espera que entendamos as alegrias e aventuras da vida e que cumpramos o quinhão de trabalho que a Divindade reservou para nós."

---

* Dr. Edward Bach foi o precursor da Terapia Floral.

*Medicamentos* – pessoalmente acho terrível tomar remédios que ajudam nos surtos por um lado e por outro trazem tantos parefeitos. Quando preciso tomar remédios, eu os tomo.

O ganho que tive é que, graças à acupuntura, não incho mais com corticóides; descobri remédios de ervas que aos poucos substituíram alguns remédios alopáticos. Por exemplo, para vertigens, inflamações, leucopenia, anemia... dentre outros.

Os florais também são utilíssimos, pois atuam no campo emocional. Ajuda-nos a sair rápido de estados depressivos e situações de desânimo. Ajuda-nos, também, a ver as coisas com maior clareza e disposição.

Mais uma vez afirmo: se não quisermos melhorar, não há remédio que faça milagre. Partindo desta premissa os tratamentos têm muito mais sucesso.

*Leitura* – sinto que ajuda muito ler livros com relatos de experiências junto a reflexões sobre as mesmas. Leituras assim ajudam a não nos sentirmos sozinhos com o que nos aflige.

É bom descobrir que outros também têm problemas e ver como eles lidam com os mesmos, pode servir-nos de lição. Podemos experimentar o que o outro faz, adaptar a experiência do outro para nossas vidas. Podemos refletir nossas coisas, podemos crescer, nos aprimorar. Tudo isso com a experiência do outro.

*Acupuntura* – uma vez li que na China, (há mais de 5.000 anos) a família tinha seu médico e que, quando um membro da família adoecia, o médico era mandado embora, pois ele não havia feito seu papel de "ensinador", orientador e bom trabalho "preventivo" para seu paciente. Desde então apaixonei-me ainda mais por acupuntura.

Eu a usava para sair rápido dos surtos e para não sofrer com os parefeitos dos medicamentos alopáticos.

Quando li esta história, passei a usá-la sistematicamente, ao menos uma vez por mês, como medida preventiva. Realmente foi ótimo. Livrei-me de enxaquecas desagradáveis, os surtos espaçaram e quando acontecem são mais rapidamente controlados, meu ciclo menstrual tornou-se regulado, tenho uma imensa lista...

Meu companheiro tornou-se acupuntor e cuida da família toda em casa.

Acupuntura traz a cura da E.M.? Não. Mas oferece uma vida mais harmoniosa.

*Massagem* – é uma das formas mais antigas de tratamento, anterior à acupuntura. É recomendável por agir sobre a pele e órgãos profundos. Torna a pele mais fina e elástica, mais descolada da musculatura. Aumenta a energia vital, auxilia na circulação sangüínea e linfática. Atua no sistema nervoso acalmando-o ou estimulando-o e atua também no metabolismo. Ajuda a manter o tônus muscular e a readquirir movimentos (em alguns casos), a aprimorar, em outros casos.

Pessoalmente sou fã da Massagem Oriental, pois a base e filosofia são as mesmas da acupuntura.

A prática de automassagem também é bastante positiva.

*Movimentos* – entenda "exercícios". É que gosto mais de movimento. Fui verificando o que meu corpo precisava e o que ele me sugeria.

Procuro cumprir um programa diário, fortalecendo meu tônus anterior; pernas; braços; períneo; trabalho todas as articulações e equilíbrio. Faço alongamentos, exercícios respiratórios, relaxamento.

Procuro não "facilitar" muito os espaços. O espaço físico pode proporcionar bons movimentos. Pedi ao meu companheiro que fizesse um mezanino para assistirmos vídeo. Quando fiz o pedido nem passou pela minha cabeça que poderia haver momentos, os quais eu tivesse dificuldade para subi-lo. Isto já aconteceu, mas subi do mesmo jeito.

Às vezes imagino quando eu estiver mais velha, como vou subir... bem, quando chegar este momento, com certeza teremos boas soluções.

— Aqui estão as seqüências que faço:
1. Antes de começar qualquer trabalho corporal, é bom deitar-se e sentir como está o corpo. É a forma de podermos comparar, no final do trabalho, o que está melhor em nosso corpo.

Todo o corpo está relaxado? Que partes de meu corpo encostam no chão? Que partes não encostam? Sinto dor em alguma área específica?

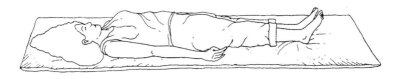

Após esta verificação, dê uma boa espreguiçada, torça seu corpo, como se você quisesse tirar dele todos os resquícios de preguiça. Imagine-se torcendo uma roupa, querendo eliminar dela todas as gotas.

2. Para trabalhar o tônus anterior, faço os famosos "abdominais", de forma a não estressar a coluna e a lombar. Então faça-os assim:

a) Pé contra pé, mãos entrelaçadas atrás do pescoço. Inspire e, com a ajuda dos braços, levante a cabeça até onde lhe for possível (expirando), sem forçar a coluna.

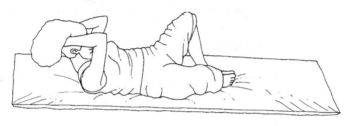

Descanse e espreguice-se novamente antes de iniciar o próximo movimento.

O fato de nossa lombar estar bem apoiada no solo, faz com que a força que precisamos se concentre em nosso abdômen. Comece devagar com cinco movimentos, depois vá aumentando o número, na medida em que seu corpo vá se acostumando e "pedindo mais".

b) O procedimento é o mesmo ao anterior, só que agora cruze uma perna sobre a outra. Faça a seqüência com uma e depois outra cruzada, o grupo muscular do abdômen muda quando mudamos a perna. Sempre inspire e faça o movimento de subir na expiração e retornar na inspiração.

Relaxe novamente, espreguice... Você sempre fará isto após os movimentos, é uma forma de não se estressar e de alongar-se.

c) Apoie as pernas sobre uma poltrona ou cama, e repita a seqüência abdominal, como das vezes anteriores.

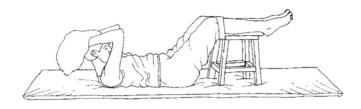

Você precisa de ajuda?

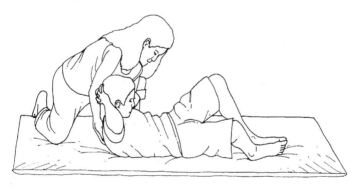

3. Agora para fortalecer as pernas e movimentar as articulações para que fiquem flexíveis e lubrificadas. Trabalhar articulações também colabora para que se aliviem possíveis dores nas mesmas.

Estes movimentos são bons também para que tenhamos melhor sustentação nas pernas e para fortalecermos o períneo:

a) Apoie os pés no chão, com os joelhos apontando para o teto. Alongue a perna e dobre. Faça a seqüência com as duas pernas.

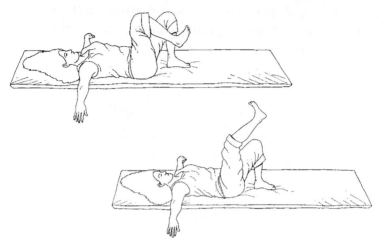

b) Ainda com os pés apoiados, alongue uma das pernas, leve-a até quase encostar no chão e volte alongando novamente na posição anterior.

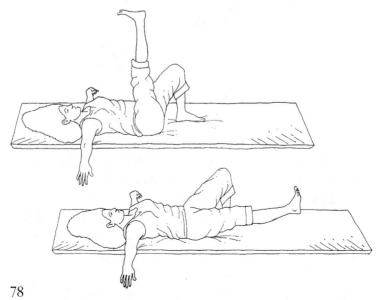

c) Agora faça este movimento levando a perna para a lateral. Faça com as duas pernas. NÃO SE ESQUEÇA: descanse entre um movimento e outro. Mesmo que não se sinta cansado...

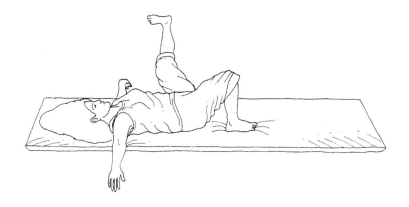

Você precisa de ajuda?

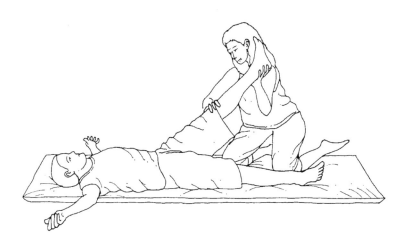

Para descansar um pouco as pernas, movimente os braços:

Mantenha os pés apoiados, abra os braços, com a palma das mãos para o teto. Feche e abra os braços lentamente.

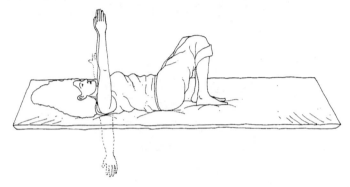

4. Continuando com as pernas:

a) Pés apoiados, gire uma das pernas, movimentando a articulação coxofemoral.

b) Agora girando para trabalhar as articulações dos joelhos.

c) Agora as articulações dos tornozelos.

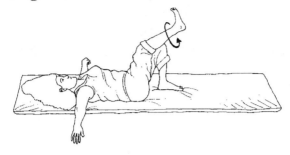

Você precisa de ajuda?

Descanse novamente as pernas e movimente os braços:

Como da vez anterior, só que agora com os cotovelos um pouco fletidos, arredondando os braços.

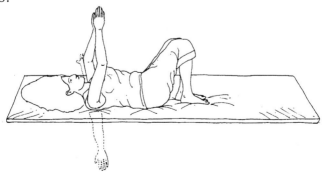

5. Voltando às pernas: gire de lado para trabalhar sustentação lateral.

a) Suba e desça a perna alongada. A perna de baixo permanece dobrada para lhe dar apoio.

b) Repita o movimento agora com o joelho da perna de cima dobrado.

Você precisa de ajuda?

6. Após espreguiçar, vire uma "bolinha", para alongar sua coluna:

7. Agora os movimentos serão para aqueles que podem ficar em pé, com ou sem apoio. Servem para trabalhar flexibilidade, equilíbrio, sustentação e força.

a) Em pé, pode ser também apoiando-se numa barra ou mesa, ou parapeito... Flexione o tronco para as laterais, alternando os lados.

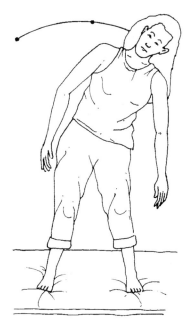

b) Eleve a perna alongada para a lateral e frente do corpo.

c) Eleve a perna alongada para a parte posterior do corpo.

Para descansar entre os movimentos feitos em pé, solte o corpo à frente e suba devagar:

a)

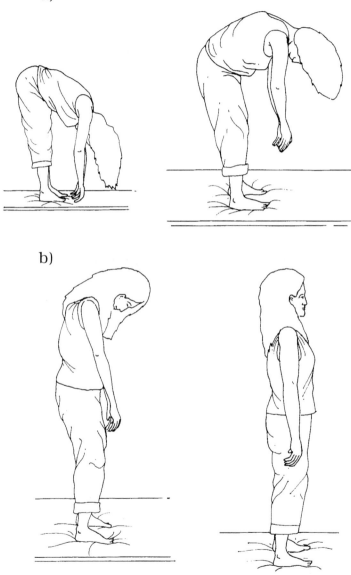

b)

8. Em pé:
a) Balance o corpo de um lado para o outro.

b) Repita com os joelhos fletidos.

c) Gire o corpo pela cintura para um e outro lado, acompanhando o movimento com os olhos, olhando para trás.

d) Com os joelhos levemente fletidos, gire o quadril, primeiro algumas vezes para direita, depois para esquerda.

e) Com o cotovelo levemente fletido, gire o braço para trás e depois para a frente. Um braço de cada vez.

f) Agora gire o braço, a partir das articulações dos cotovelos. Para dentro e para fora.

g) Faça o mesmo com as articulações dos punhos.

h) Para as articulações dos dedos, faça como se fosse tocar piano junto a um simultâneo movimento de onda.

i) Apoie as mãos na parede, deixando os pés longe da mesma, coluna reta, na mesma altura do quadril. Flexione os braços, a partir dos cotovelos, que devem estar apontando para o chão.

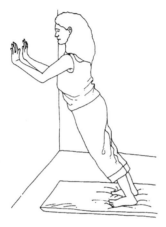

j) Faça como o anterior, com os cotovelos apontando para às laterais.

89

9. Por fim, faça movimentos para equilíbrio. É bom para fortalecer o corpo e trabalhar a concentração:

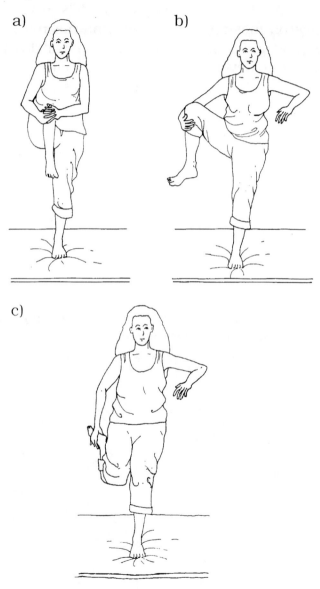

Pode ser feito com o apoio da barra, ou outro apoio qualquer (segurando numa mesa ou cadeira...), mas se houver possibilidade de fazê-los sem apoio, é melhor. Faço outros movimentos seguindo livros, que apresentarei logo mais, e também variações que surgem de repente... Sinto vontade de fazer e faço.

Estas variações que apresentarei, procuro fazê-las diariamente, porque considero-as mais específicas para o fortalecimento que preciso no dia-a-dia. Os "extras", como alongamentos, caminhadas, relaxamentos etc, os faço de acordo com minha vontade e necessidade. Aceite estas variações como "sugestões" e elabore você mesmo um programa que possa cumprir e que seja adequado para melhorar suas dificuldades.

Também danço, ao menos uma vez por semana. Coloco um disco e danço até me fartar. Invento passos... aproveito para brincar. Também canto. Por que canto? Porque com isso minhas cordas vocais ficarão bem melhor, mais fortes, e sem som esganiçado. Além do que, cantar é uma delícia!

*Alimentação* – quando comecei a ter surtos, parei de comer carne (não como nem mesmo frango ou peixe) e, passei a consumir mais alimentos integrais e naturais ou seja, deixei de lado produtos enlatados etc. Na época eu apostava em minha cura via alimentação. Não sabia ainda o que tinha.

Hoje continuo sem as carnes, consumindo alimentos naturais e integrais. Meu intestino, com isso, funciona muito bem e minha disposição aumentou muito. Acredito que minha saúde é boa em função da alimentação, acredito também que esta escolha me ajuda em relação aos surtos, ao espaçamento dos mesmos.

Antes sentia mais cansaço e dificuldade de acordar, pela manhã, agora sinto-me mais disposta e acordo bem. Era comum acordar cansada. Sem a carne sinto-me, também, menos irritada. Às vezes meu temperamento é "apimentado!" Melhorou muito... Ah! É psicológico... E daí? Que seja. Podem argumentar o quanto quiserem, continuo apostando nesta alimentação.

Além disso, um universo abriu-se quando o alimento tornou-se importante em minha vida. Passei a preparar minhas comidas com prazer, passei a curtir a transformação. Como o ovo e o óleo viram deliciosa maionese? Farinha = tortas e bolos maravilhosos!

Para não ficar anêmica, substituo a carne por sementes (gergelim, nozes, castanhas, amêndoas...). Continuo consumindo ovos, leite e seus derivados.

Leite uso mais no preparo de bolos e tortas – assim como os ovos – queijos e leite causam muco, por isso uso-os com moderação.

Alimentos que ajudam a combater anemia:
- aipo
- brócolis
- couve-flor
- rúcula
- castanha-do-pará
- jenipapo
- noz
- tâmara
- batata-doce
- escarola
- inhame
- abacaxi
- damasco
- limão
- pêssego
- uva

- confrei
- alcachofra
- cenoura
- espinafre
- tomate
- cereja
- laranja
- morango
- lentilha
- jurubeba
- trigo
- beterraba
- couve-manteiga
- repolho
- amêndoa
- fruta-do-conde
- manga
- pinhão
- artemísia

Consumo a maioria destes alimentos crus. Quando não é o caso, procuro prepará-los no vapor.

Alimentos ricos em proteínas:
- tufú
- bardana
- cogumelos
- amêndoas
- castanhas
- amendoim (sem exagero...)
- caju (sem exagero)
- sementes (girassol, gergelim, abóbora...)
- tahine
- feijões
- lentilha
- ovos
- queijos
- leite
- azeitona
- iogurte

Aqui vão minhas receitas prediletas:

1– Quibe Recheado Assado

*Ingredientes:*
- 500g de trigo para quibe
- uma ricota fresca (ou mussarela, ou queijo minas...)
- um pedaço de ricota defumada temperada (ou provolone)
- molho de soja (shoyu)
- uma cebola
- uma cenoura grande ou duas pequenas
- azeite de oliva
- hortelã fresco ou desidratado a gosto

*Modo de fazer:*
- coloque o trigo de molho no mínimo 5 horas
- escorra bem a água e amasse o trigo até ficar um pouco pastoso, quase na textura de massa de pão
- misture à massa 1/2 copo de molho de soja, caso goste mais salgado, acrescente sal a gosto, misture também a cebola picada e o hortelã
- numa forma retangular média passe azeite de oliva e arrume metade da massa de trigo
- rale cenoura e misture à ricota fresca e a defumada, coloque um pouquinho de sal nesta mistura e espalhe sobre o trigo da forma
- cubra com o trigo restante e corte com cuidado formando quadradinhos. Nos vãos dos quadrados e também nas bordas despeje azeite de oliva. Asse o quibe até dourar.

Você pode inventar outros recheios...

2 – Pizza Chinesa

*Ingredientes:*
- uma couve-flor pequena
- uma cenoura média
- molho de tomate, molho de soja
- orégano
- queijo parmesão fresco
- massa para pizza (claro!)
- azeite de oliva

*Modo de fazer:*
- após lavar a couve-flor, corte-a em pedaços não muito grandes, aqueça um pouco de óleo (girassol ou canola) e frite-a levemente. Jogue sobre ela um pouco de molho de soja para salgar e apague o fogo
- coloque esta couve sobre a massa de pizza, já com o molho espalhado
- rale a cenoura e coloque sobre a couve
- polvilhe com o queijo parmesão fresco e o orégano
- regue com um pouco de azeite de oliva e asse

Só...

3 – Arroz com Ervas

*Ingredientes:*
– Um "punhadinho" de
- coentro
- manjericão
- manjerona
- salsinha

- cebolinha
- estragão
- hortelã... tudo desidratado
- duas xícaras cheias de arroz integral tipo "cateto"
- uma cebola pequena

*Modo de fazer:*

- dê uma dourada na cebola picada com pouco óleo
- frite junto o arroz já lavado e escorrido. Para que o arroz fique soltinho e cozinhe rápido deixe-o fritar um pouco, mexendo-o sem água
- coloque sobre o arroz as ervas, misture bem, coloque água fervente até mais ou menos dois dedos acima do arroz
- quando o arroz estiver com a água quase seca, coloque sal a gosto e acrescente mais água para secar e ficar no ponto que lhe agradar

4 – Proteína de Soja com Sementes de Gergelim

*Ingredientes:*
- proteína de soja em pedaços
- sementes de gergelim
- alho fresco
- salsinha desidratada
- molho de soja

*Modo de fazer:*
- coloque a proteína de molho em água fria até que amoleça
- esprema bem a proteína
- frite um pouco de alho picado em pequena quantidade de óleo, acrescente a proteína e frite-a

junto, mexendo sempre para dourar em volta. Tudo em fogo baixo
- durante a fritura (que é quase "seca" coloque um pouco mais de óleo se precisar) despeje por cima molho de soja, sem exagero, para não salgar demais
- torre numa frigideira o gergelim (umas duas colheres de sopa cheias) e misture à proteína

Está pronto. Pode ser feito também com proteína granulada, você pode inventar outras formas...

5 – Torta de Berinjela com Gergelim

*Ingredientes:*
- duas berinjelas grandes
- um ovo
- 1/2 xícara de óleo
- uma xícara de farinha integral fina e outra de farinha branca
- gergelim suficiente para polvilhar sobre a massa
- sal
- uma colher de sopa de fermento para bolo
- duas colheres de sopa cheias de queijo ralado
- duas xícaras de leite.

*Modo de fazer*
- lave as berinjelas, tire as pontinhas e corte-as em cubinhos. Refogue-as com alho e sal, devem ficar bem cozidas e com "caldo" no refogado. Para isso vá acrescentando água sempre que necessário
- bata no liqüidificador o óleo e o ovo, acrescente o leite, a farinha, uma pitada de sal, o queijo ralado. Por último o fermento

- coloque metade da massa (que será bem líquida) em forma média untada
- arrume o recheio sobre a massa, despeje um pouco de "caldinho" e ponha o restante da massa
- torre o gergelim e polvilhe a torta. Pode assar... Esta massa pode servir de base para muitos outros recheios, é só inventar.

6 – Salpicão Vegetariano

*Ingredientes:*
- um repolho roxo pequeno
- uma cenoura grande
- uma beterraba média
- 1/2 xícara de amêndoas
- maionese (se for caseira, melhor...)
- vinagre de maçã
- 1/2 xícara de uva passa sem semente
- salsinha e cebolinha desidratadas
- azeite de oliva

*Modo de fazer:*

- rale o repolho, a cenoura e a beterraba
- misture e acrescente as amêndoas picadas, a uva passa, um pouco de salsinha e cebolinha desidratadas
- coloque um pouco de sal, vinagre de maçã e azeite, mexa e acrescente maionese a gosto
  Nesta receita também pode-se acrescentar maçã picada em cubos e fatias de mussarela ou outro tipo de queijo. Ou alcaparras, ou azeitonas picadas...

## 7 – Omelete de Abobrinha

*Ingredientes:*

- uma abobrinha média
- cinco ovos

*Modo de fazer:*

- após lavar a abobrinha e tirar as pontas, rale-a e refogue-a com cebola picada numa frigideira. Abafe com tampa
- bata bem os ovos, coloque sal a gosto e despeje sobre o refogado. Tampe para que o ovo "cresça". Vire a fritura e tampe de novo


## 8 – Lasanha de Proteína de Soja

*Ingredientes:*

- proteína de soja granulada (umas duas xícaras e 1/2)
- molho de tomate
- um pacote de massa de lasanha (pode ser fresca ou desidratada)
- mussarela
- leite
- salsa e manjericão desidratados

*Modo de fazer:*

- coloque a proteína de molho em água fria até que amoleça (mais ou menos 3 horas)
- esprema bem e junte ao molho de tomate, (deve haver bastante molho), leve ao fogo e deixe ferver alguns minutos
- coloque no fundo de uma assadeira grande o molho espalhado; arrume por cima a massa da

lasanha (não é necessário cozinhar a massa), coloque molho novamente e fatias de mussarela. Vá fazendo camadas, sendo que a última será de mussarela
- despeje leite quente nas beiradas, até que fique bem encharcado. Polvilhe com a salsa e o manjericão

ATENÇÃO: para que esta lasanha fique bem gostosa faça o molho com a proteína de soja de véspera. Quando for usá-lo, aqueça-o novamente, a lasanha deve ser montada antes também. Por exemplo, se for para o almoço, monte-a pela manhã. No momento de assar estará bem macia e curtida. Para que a proteína amoleça mais rápido, coloque água morna.

9 – Bolo Rei

*Ingredientes:*

- uma xícara cheia de nozes, amêndoas e castanhas-do-pará, tudo picado. Veja bem, não é uma xícara de cada, é uma xícara com os três ingredientes
- 1/2 xícara de uva passa
- duas colheres de sopa cheias de manteiga
- 1 e 1/2 xícara de açúcar cristal ou mascavo
- 1 xícara de germe de trigo torrado
- 1 xícara de aveia fina
- 1/2 xícara de farelo de trigo
- duas xícaras de farinha (pode ser uma integral e outra branca)
- duas xícaras de leite

- uma colher de sopa de fermento em pó para bolo

*Modo de fazer:*

- bata bem os ovos, junte a manteiga e bata até formar um creme, acrescente o açúcar e bata mais um pouco
- junte o germe de trigo, o farelo de trigo e o leite, sempre batendo
- junte as farinhas e o fermento. Bata até formar bolhas
- sem bater junte a aveia, as passas e nozes, castanhas e amêndoas, (mexa misturando)
- coloque em forma redonda com buraco no centro e leve para assar em forno pré-aquecido

Pode-se colocar mel ou melado no lugar de uma parte do açúcar da receita (metade açúcar e metade mel...), também pode-se acrescentar à mistura um pouco de coco ralado branco ou queimado.

Este bolo é um superalimento! Tanto que meus filhos o batizaram de bolo "bomba", garanto que não é por ser ruim... torna-se uma saudável bomba contra anemias e resistências baixas.

10 – Macarrão com Molho de Soja

*Ingredientes:*

- 500g de macarrão (integral, de glúten ou branco) espagueti
- molho de soja
- alho fresco

- óleo de girassol ou canola
- óleo de gergelim torrado

*Modo de fazer:*

- cozinhe o macarrão em abundante água fervente com um pouco de óleo e sal (de preferência use sempre o sal "marinho")
- deixe no ponto que mais lhe agradar. Eu pessoalmente gosto mais para "durinho"
- frite bastante alho (a gosto) no óleo de girassol ou canola, com um pouco de óleo de gergelim
- após lavar o macarrão em água fria, coloque-o na fritura, mexendo bem
- despeje por cima o molho de soja (não exagere para não salgar demais)

Pode ser feito também sem o óleo de gergelim. A delícia está em temperar com molho de soja. Também pode-se aproveitar para fazer virar um "yaksoba". Para isso, antes de cozinhar o macarrão pique cenoura "palitinho", brócolis, cebola... o que lhe agradar; não cozinhe em excesso. As verduras devem ficar meio durinhas. Reserve, prepare o macarrão e misture tudo ou coloque sobre o macarrão. Fica bem bonito...


11 – Granola Caseira

*Ingredientes:*

- uma xícara de aveia fina
- uma xícara de aveia grossa
- uma xícara de germe de trigo
- uma xícara de farelo de trigo
- uma xícara de sucrilhos sem açúcar

- uma xícara de coco ralado (branco ou queimado)
- 1/2 xícara de semente de linhaça
- 1/2 xícara de gergelim torrado
- 1/2 xícara de nozes picadas
- 1/2 xícara de amêndoas picadas
- 1/2 xícara de castanhas-do-pará picadas

Misture tudo e guarde num vidro para ir consumindo aos poucos. Eu faço sem açúcar, adoço na hora com stévia líquida ou em pó, ou ainda com mel depende no que eu for misturar, mas pode-se também ralar rapadura e colocar nesta mistura. É bem gostoso com sorvetes, iogurtes, qualhadas, com leite...

12 – Bolo de Milho

*Ingredientes:*

- 10 espigas de milho verde
- 1/2 xícara de açúcar
- leite

*Modo de fazer:*

- corte os grãos de milho da espiga
- coloque no liqüidificador com o açúcar e um pouco de leite
- bata e vá acrescentando leite até obter uma massa mais para líquida, mas não muito líquida, certo?
- coloque em forma untada e leve para assar em forno pré-aquecido.

Aprendi a fazer este bolo quando mudei para a roça, por isso o chamo de "bolo caipira". Pode-se acrescentar coco ralado. Pode-se, também fazê-lo salgado. É a mesma coisa, basta colocar sal a gosto no lugar do açúcar. Deve-se assar a mistura sem coar; o "bagaço" do milho vai junto.
BOM APETITE!!!!

\* \* \*

*Nos surtos* – é durante os surtos que não se pode "dar moleza". Durante os surtos nunca deixo de exercitar-me; aprimoro ainda mais a alimentação; aumento as sessões de acupuntura e descanso muito. Aliás, fora dos surtos é bastante importante repousar em algum momento do dia.
Pensando bem... repousar é bom para qualquer pessoa!

*R*eflexão – pode parecer muito "simplista" para as pessoas em geral, mas sinto que os surtos que tive durante estes anos queriam me "mostrar" alguma coisa. Em minhas reflexões, retrospectivas e análise, ficou-me claro que isto não era apenas impressão.

A vida nos envia sinais, cria muitos eventos. Os problemas se multiplicam como que nos cutucando para chamar nossa atenção, para que tenhamos uma reação favorável de crescimento. Quando damos as costas aos sinais, a vida então nos dá uma lição.

Adoecemos por isto – a vida não castiga –, castigamo-nos quando permanecemos em nossos velhos hábitos; nosso "porto seguro", onde não precisamos fazer ou ser nada, porto o qual paralisa e esfumaça a mente.

Nosso corpo também nos envia bons sinais...

Sempre que adoeci minha vida estava alterada de alguma forma não positiva e eu me negava qualquer transformação. Hoje está claro que meu corpo apenas reagia a situações que eu já não suportava.

Quando não enxerguei eu não queria ver nada daquilo que no momento era a minha vida;

quando meu corpo adormeceu da cintura para baixo; vivia uma época sexual delicada com meu ex-marido. Em meu pior surto, quando afetou-me a locomoção, a fala... – eu pretendia dar um grande passo profissional em minha vida, tinha medo de não conseguir. Claro que se ficasse doente, não precisaria continuar e não teria como fracassar em meus projetos, além de ser perdoada por todos... os doentes sempre têm alvará para o fracasso; nas últimas vertigens eu enveredei por caminhos que considero detestáveis, desrespeitei meus próprios valores. Fiquei desnorteada e sem rumo profissional neste perío-do – a vertigem nos desnorteia e faz perder o rumo...

Sempre que compreendo, melhoro.

\* \* \*

...*E*stamos quase por nos despedir... neste ponto já estamos assim meio amigos, eu sinto, e quero apresentar-lhes meu médico.

Pedi a ele que colaborasse neste livro a fim de bem informar às pessoas com detalhes o que vem a ser E.M., o que tem sido feito e o que pode ser feito em termos alopáticos.

Dr. Telmo Tonetto Reis proporcionou valiosa contribuição alopática em meu processo e levá-lo também a vocês me traz felicidade, pois será um meio de compartilharem comigo o que senti na época em que me encontrei com este homem; de compreenderem como ele tornou meu caminho mais fácil com os cuidados que dispensou à minha pessoa e o conhecimento que carinhosamente me passou.

Deixo-os com ele, nos reencontramos logo mais... não nos despedimos ainda, certo?

# ESCLEROSE MÚLTIPLA

## UMA LONGA HISTÓRIA
Por *Telmo T. Reis*

A **Medicina**, em qualquer de suas áreas de atuação, exige uma quantidade formidável de **conhecimentos** para exercê-la. O exercício de fato desta **Arte**, só se fará plenamente com **sensibilidade** e **sabedoria**.
O progresso da Ciência altera prognósticos todos os dias. A melhora é, sobretudo, o resultado da vontade e esforço individual.

## UMA ESPERANÇA

Era fim de julho de 1979, quando APL acompanhada de seu pai chegou ao meu consultório. Vindos de São Paulo, estavam em Porto Alegre pela primeira vez e queixaram-se inicialmente do frio encontrado em Porto Alegre, especialmente naquela tarde com chuva fina e umidade máxima, impondo-lhes a necessidade de comprar com urgência roupas pesadas, adequadas à situação. Comentei que o inverno no Rio Grande é, muitas vezes, impiedoso com os próprios gaúchos. Por outro lado, disse-lhes que o nosso clima frio poderia transformar-se numa experiência mais agradável, com um churrasco mais gostoso, o calor do fogo na lareira e com uma visita a Gramado-Canela para **ver** a neve caindo. Este é o problema doutor, falou o pai de APL, esta menina tem 16 anos e **está perdendo a visão**. E continuou: ela sempre foi uma menina normal, sem problema de saúde e bem na escola, até há dez meses, quando se queixou de dificuldade para enxergar com a vista esquerda. Uma consulta com o oftalmologista não constatou nenhuma anormalidade no olho, a não ser alguma dificuldade para ler. Passados vinte dias, a visão estava melhor, quase normal e todos ficaram aliviados. No entanto, depois de seis dias, subitamente ela retornou da escola, na companhia de uma professora, sentido-se indisposta e queixando-se de ter a visão borrada no olho esquerdo, pior do que na primeira vez, acrescentando que a mão direita estava dormente e a perna direita pesada para caminhar. Em seguida chamamos um médico conhecido e recebemos a orientação de procurar um neurologista, o que fizemos imediatamente. A avaliação realizada inicialmente não definiu nenhum diagnóstico e fomos adiante, consultando mais dois neurologistas, que realizaram exame do líquido da espinha e uma tomografia computadorizada*. Em conjunto os doutores falaram que uma série de doenças poderiam causar estes sintomas, mas não definiram um diagnóstico. Um dos neurologistas mencionou, inclusive, que poderia se tratar de Esclerose Múltipla. Acrescentou que neste intervalo de aproximadamente quatro semanas, os sintomas que se localizavam no braço e perna direitos tinham melhorado bastante, mas que a dificuldade visual com o olho esquerdo persistia.

APL ouviu tudo em silêncio. Quando me dirigi a ela, sentada tranqüila na minha frente, percebi nos seus olhos azuis-claros e cabelos loiros os sinais, não muito distantes, da descendência germânica. Tinha o rosto alongado, a pele clara, quase pálida e um olhar atento. Certamente, a prolongada peregrinação através de vários consultórios que ocorrera no último ano, esvaziava um pouco a expectativa e ansiedade que envolvia a nossa consulta médica. Nem por isto estava distraída e percebendo que minha atenção voltava-se para ela, não hesitou, comentando: "Estou de acordo com tudo o que meu pai falou, mas gostaria de acrescentar que no dia que aconteceu aquele mal-estar na escola, eu senti tontura, como se estivesse sem equilíbrio para caminhar". Confirmou que estava "melhor das pernas", sem problemas para caminhar. No entanto, a visão continuava imprecisa no olho esquerdo, como se enxergasse através de fumaça.

O neurologista, quando desenvolve o seu trabalho e especialmente na primeira entrevista, submete o novo paciente a um prolongado interrogatório. Isto é próprio da especialidade que exige do profissional a composição de uma história clínica (ou seja, as razões que trouxeram aquela pessoa até ele), onde a valorização

---

* A Tomografia Computadorizada, desenvolvida por Housefield na Inglaterra no início dos anos 70, há pouco havia chegado ao Brasil, na época revolucionando o diagnóstico por imagem em Neurologia.

do detalhe é fundamental para a definição de um diagnóstico. Assim, a consulta neurológica é uma verdadeira sindicância de saúde, perguntando-se tudo a respeito da doença atual e de outras pregressas, inquirindo-se sobre os hábitos do dia-a-dia, num prolongado e exaustivo interrogatório, na coleta de informações indispensáveis. Em Neurologia as doenças ocorrem através de mecanismos complexos, a essência dos quais apenas parcialmente conhecemos. Todas as etapas que compõem o estudo de um caso clínico são importantes, mas a história clínica e o exame neurológico, que dependem estritamente da habilidade pessoal do neurologista, é fundamental.

As outras etapas que integram o estudo de um caso são complementares, com peso menor no processo diagnóstico, nesta especialidade de difícil domínio.

Em minha clínica, freqüentemente, fazemos duas e até três entrevistas com o paciente, para compormos adequadamente esta etapa. Por isto, comentamos que o diagnóstico neurológico é um trabalho artesanal e cooperativo, somando-se ao trabalho do médico a colaboração absolutamente necessária do paciente e seus familiares.

A jovem APL entendeu e participou produtivamente da consulta, demonstrando aguda percepção, raciocínio rápido e respostas adequadas. Informou que concluiria o segundo grau colegial no próximo ano, com planos definidos para o vestibular e curso de Arquitetura. A seguir perguntamos sobre a situação de funcionamento de todos os órgãos. Quando falávamos da função da bexiga e urina, ela revelou que há poucos meses apresentara alguns episódios de "perder urina sem querer", o que ultimamente não mais tinha acontecido.

O Exame Neurológico segue um verdadeiro ritual, com segmentos bem definidos e executados em seqüência, permitindo ao especialista obter informações sobre a estrutura e funcionamento do sistema nervoso. Sem dúvida, o exame de APL era alterado. Registramos inicialmente que ela apresentava um déficit da acuidade visual, associado à restrição do campo visual, com dificuldade para enxergar objetos colocados à sua direita. O exame de fundo de olho evidenciou palidez da papila óptica (a papila óptica tem normalmente uma coloração rósea e identifica o ponto de saída do **nervo óptico** desde o globo ocular, no seu trajeto até o cérebro. Assim, o nervo óptico transmite ao cérebro os estímulos luminosos captados pelo globo ocular e que formam as imagens. É uma estrutura essencial para o sentido da visão).

A força muscular e os reflexos profundos examinados do lado direito do corpo, estavam alterados e o sinal de Babinski* estava presente. Encontramos alterações na avaliação da sensibilidade postural, nos movimentos articulares passivos e na sensibilidade vibratória à esquerda. O significado destas alterações encontradas no exame neurológico, indicavam a provável existência de comprometimento funcional em diferentes níveis do sistema nervoso.

Revisei o resultado da tomografia computadorizada do cérebro, que era normal. O exame liquórico evidenciava um discreto aumento da fração gama-globulina do conteúdo protéico.

De posse de todas as informações colhidas, disse-lhes que iria estudar o caso e que esperava vê-los no dia seguinte. No correr dos anos eu havia aprendido a não emitir um diagnóstico após a primeira avaliação, em situações como a de APL: ela apresentava um quadro clínico complexo, com sinais lesionais evidentes, definitivamente sem um diagnóstico óbvio. E previamente ela fora vista por três colegas de especialidade, permanecendo vaga a definição da causa dos sintomas apresentados. Nesta situação eu necessitava ser prudente, desde que o caso já fora estudado por mais de um neurologista e mesmo não os conhecendo, considerava-os iguais ou mais hábeis do que eu.

Na saída do consultório, APL e seu pai voltaram-se para mim e ele falou: o senhor é **uma esperança** doutor, pois embora não tenhamos um diagnóstico definitivo, ultimamente nós temos ouvido coisas muito tristes a respeito de Esclerose Múltipla, ditas

---

* Os movimentos voluntários que realizamos, são comandados por um "circuito" funcional composto de dois conjuntos celulares: o **primeiro neurônio motor**, que conduz os estímulos desde o cérebro até a medula espinhal e o **segundo neurônio motor**, condutor dos estímulos da medula até o músculo, na periferia.
O Sinal de Babinski quando presente indica lesão localizada no trajeto do primeiro neurônio motor.

por alguns médicos e também por portadores e familiares de portadores, que nos deixam cheios de preocupação. Realmente, disse ele, nós não recebemos nenhuma informação favorável a respeito desta doença. Naquele momento, por certo, o pai expressou o que se passava na cabeça de ambos: dúvida, angústia e medo.

A porta de meu consultório abre-se num corredor que é comum para a sala de espera. Naquele dia, infelizmente, uma das pacientes que aguardava, estava numa cadeira de rodas, em função de paralisia nos membros inferiores. O encontro de APL com a paciente paraplégica foi inevitável. Não se conheciam e não se falaram, mas a menina parou, voltou-se e me dirigiu um olhar triste e questionador, que eu entendi plenamente.

Prognóstico é expectativa, é o dia de amanhã. Para quem está doente, seja qual for a causa, prognóstico pode significar um dia de amanhã ainda sem saúde. De um modo geral, o prognóstico das doenças neurológicas, que podem envolver aspectos tristes e nebulosos, deve ser considerado de forma objetiva, informando-se ao paciente com clareza o que se espera e aquilo que nos parece ser o mais provável que ocorra no transcurso do tempo, evitando-se comentários sintéticos, frios e pessimistas. **O progresso da ciência altera prognósticos todos os dias.**

A **Medicina**, em qualquer de suas áreas de atuação, exige uma quantidade formidável de **conhecimentos** para exercê-la. O exercício de fato desta Arte, só se fará plenamente com **sensibilidade** e **sabedoria**.

## UMA LONGA HISTÓRIA

Cabe registrar o ano de 1835, isto é, há mais de 160 anos, quando o médico inglês Carswell e, quase ao mesmo tempo, o francês Cruveilhier descreveram pela primeira vez as alterações anatômicas, isto é, a patologia de uma doença até então não conhecida. Em 1868, o médico francês Charcot fez o primeiro relato clínico de uma doença, associando-a aos achados prévios de Carswell e Cruveilhier, dando-lhe o nome de Esclerose em Placas. A publicação de Charcot descrevia a nova doença com uma expressiva riqueza de informações e detalhes, sendo hoje qualificada como magistral\*. Ele descreveu com clareza os mais importantes aspectos clínicos e patológicos da doença, reconhecendo que a mesma determinava a formação de "placas duras", em vários níveis do sistema nervoso central. Sabiamente Charcot atribuiu as lesões cerebrais a uma deficiência de mielina. Portanto, devemos a Charcot a primeira descrição da Esclerose Múltipla como uma doença bem definida. Até hoje a literatura neurológica francesa utiliza a denominação "Esclerose em Placas", sinônimo de "Esclerose Múltipla", nome este utilizado pelos autores de língua inglesa e que nós também adotamos.

Pode-se dizer que durante 100 anos os neurologistas limitaram-se a repetir o descrito por Charcot, desde que muito pouco foi acrescentado ao conhecimento científico da doença. Nada somou-se, em termos de benefício terapêutico real, durante este século de espera. Sem combate terapêutico eficaz, a agressividade da doença encontrava-se solta, com plena força, para produzir todos os tipos de seqüelas. Esta experiência de incrível sofrimento, sem expectativa de melhora, fez crescer através deste tempo passado todo um contexto pessimista sobre a doença e seu prognóstico. Tal situação de frustração e tristeza, muitas vezes de desespero, durante tantos anos foi transmitida de médico para paciente, de paciente para paciente, de família para família. Esta é **uma longa história** e também uma longa espera por dias melhores, tão longa que na história da evolução do progresso científico no tratamento de outras doenças, raramente registramos um período de estagnação de um século.

Quando perguntamos por que tudo isto aconteceu, dificilmente obtemos resposta.

Nos anos 40 surgiram os primeiros sinais de mudança, cabendo comentar alguns aspectos relevantes. O primeiro diz respeito à "Epidemiologia", isto é, o estudo das relações dos vários fatores que determinam a freqüência e distribuição comunitária e

---

\* Pela importância, menciono a referência da publicação de Charcot: CHARCOT J.M. Histologie de la Sclerose en Plaques. Gaz. Hop. (Paris) 1868 ; 41:454.

geográfica das doenças, no caso a Esclerose Múltipla. Estudos epidemiológicos significativos foram publicados desde 1945, definitivamente contribuindo para o melhor entendimento desta doença. Embora a narrativa que agora fazemos não tenha o objetivo de se concentrar em dados técnicos, alguns comentários faremos, mesmo porque os pacientes portadores de Esclerose Múltipla são muito inteligentes e os que mais lêem, ávidos por informações a respeito do mal que os aflige.

Assim, **prevalência** expressa valores básicos em qualquer estudo epidemiológico e por certo muitos já ouviram esta palavra. A prevalência expressa o número de pessoas diagnosticadas com uma determinada doença, existentes num local e população definidos, numa certa época ou data. A prevalência é usualmente referida como o número de pessoas diagnosticadas/100.000 habitantes daquela região.

Referente a esclerose múltipla, estes estudos conduziram a três conclusões importantes:

A. a doença ocorre comumente em adultos jovens, de raça branca;

B. é mais freqüente em mulheres do que em homens, na proporção de 2:1 e até 3:1;

C. a Esclerose Múltipla tem uma distribuição geográfica mundial bem definida, concentrando-se no hemisfério norte, especialmente afetando as populações que vivem em torno ou acima da latitude de 40 graus (veja mapa). Em países ou regiões aqui situados, observa-se uma prevalência de 40 casos/100.000 habitantes, ou mais, caracterizando-se o que alguns autores chamam de "zona de alto risco". No sul da Europa e dos Estados Unidos, a prevalência cai para 20 casos/100.000 habitantes, definindo-se uma "zona de risco médio". No extremo sul dos Estados Unidos, por exemplo, no Estado de Louisiana, com clima tropical e população negra em grande número, a prevalência é de 10/100.000, configurando-se uma "zona de baixo risco". **O Brasil, especialmente os estados do sudeste e sul do país, encontram-se em zona de baixo risco.**

Em segundo lugar, não é nada construtivo comentar sobre o tratamento com drogas utilizadas antes dos anos 40. Por esta época, somando-se à correta avaliação dos dados epidemiológicos, observaram-se sinais indicativos de perspectivas favoráveis no campo terapêutico. Assim, a primeira referência que julgamos importante é a chegada da **Cortisona** no cenário terapêutico médico, ocorrido em 1948.

A utilização dos corticóides em Neurologia, no tratamento da Esclerose Múltipla, demorou 10 anos. A Prednisona (Meticorten) foi inicialmente usada no fim dos anos 50 e, infelizmente, ainda encontramos na literatura publicada durante a década de 60 alguns autores que colocavam em dúvida o seu benefício no tratamento desta doença.

Hoje sabemos, tal como já ocorre há muitos anos, da eficácia da Prednisona na fase aguda das crises de recorrência. A Metil-Prednisona endovenosa veio logo a seguir, passando-se a contar com uma outra opção de combate à doença. A evolução terapêutica passou pelos imunos-supressores. Finalmente chegamos à era dos Interferons e o considerável alívio que hoje podemos oferecer a nossos pacientes. Mais adiante voltaremos a comentar o tratamento da Esclerose Múltipla.

Após uma rápida incursão através da história da Esclerose Múltipla, com uma passagem pela importante área da evolução do tratamento, sendo este o segmento que mais interessa ao paciente, o qualquer, sobretudo, o alívio de seus sintomas, obviamente verificamos a precariedade em que viveram no passado, todos aqueles que sofreram desta doença. A fim de registrar a progressão lenta, em certas épocas insignificante, do interesse científico nesta doença, reavaliando o que foi feito desde os tempos do velho Charcot até, digamos, 1975, vamos concluir que foi muito pouco, considerando-se os 110 anos de intervalo. Alguém poderia dizer que a comunidade científica teria passado por um processo de "desinteresse específico", quando a Esclerose Múltipla foi aceita passivamente, com todo seu potencial destrutivo, sem reação para combatê-la. Assim foi, ou foi quase assim. Fica-se perplexo quando se verifica o nítido predomínio desta doença, nos habitantes dos países ricos, castigando impiedosamente as populações jovens do primeiro mundo americano e europeu, exatamente onde mais se pesquisa e maior é a produção científica. Foi daqui, destes lugares onde esta doença não obteve um interesse maior e proporcional à gravidade e sofrimento que determina, o qual por tantos anos foi recebido e aceito com uma fatalidade, daqui que resultou um ensinamento que se deve colher: **é um erro aceitar o sofrimento passivamente**. Caberá sempre à Ciência e aos pesquisadores encontrarem a causa das doenças e as curas, desde que haja real interesse para tal.

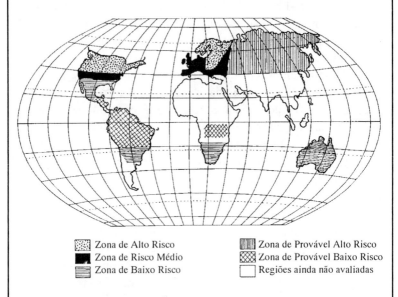

Zona de Alto Risco
Zona de Risco Médio
Zona de Baixo Risco
Zona de Provável Alto Risco
Zona de Provável Baixo Risco
Regiões ainda não avaliadas

## DISTRIBUIÇÃO APROXIMADA DA ESCLEROSE MÚLTIPLA NO MUNDO

O Brasil encontra-se (Sudeste e Sul) em "Zona de Baixo Risco" prevalência menor que 10/100.000

Cabe aos pacientes e seus familiares, organizados em grupos ou sociedades, solidariamente motivados e com força para exercerem suas prerrogativas, postularem pelo estímulo à pesquisa, pela busca de novas opções de tratamento, por melhores dias e no futuro que esteja próximo, pelo acesso de todos à cura. Somente será possível alcançar este objetivo com um amplo esforço cooperativo, com a indispensável participação da classe médica, das instituições e seus pesquisadores, dos governos através de uma clara compreensão dos problemas e definida vontade de resolvê-los.

## TEMPOS DE DEFINIÇÕES

APL e seu pai retornaram ao consultório na hora marcada. Inicialmente conversamos algumas amenidades, falando sobre Porto Alegre, a cidade e seu rio. Para visitantes de primeira viagem, a associação do Rio Guaíba com a cidade forma um conjunto de grande beleza que todos admiram. Do que comentamos, o que mais chamou a atenção de minha paciente foram os portoalegrenses, jovens e mais velhos, tomando chimarrão na frente das casas, nas praças e passeios públicos. Realmente, os gaúchos munidos de suas cuias, cheias de erva-mate, sobre a qual derramam água muito quente, chupando através da "bomba de chimarrão", degustando a infusão resultante, é um espetáculo único. Para os gaúchos o chimarrão é gostoso e tradicional: é hora de conversa amena e sem pressa, quando os acontecimentos do dia ou da época são comentados pausadamente, dando-se tempo para a reflexão. A hora do chimarrão é tempo de congraçamento, de boas graças e harmonia. Assim, transmiti aos meus clientes um pouco da história e costumes da terra gaúcha. Comentários interessantes e informais amenizam as tensões, melhoram a cooperação paciente-médico, tornando a consulta mais fácil, franca e produtiva.

Uma pausa na nossa conversa deu lugar à pergunta inicial de APL: "Doutor, o senhor estudou o meu caso?" Disse-lhe que havia estudado com atenção a todos os detalhes dos sintomas sobre os quais nós tínhamos conversado e que hoje daríamos mais um passo no nosso trabalho. Fiz uma completa reconstituição de toda a história clínica, contando com plena colaboração da paciente, a fim de poder valorizar adequadamente cada sintoma ou sinal. Quando se trata de uma doença que se expressa de modo complexo, em qualquer área da medicina, o raciocínio clínico realiza um difícil trabalho de montagem, agrupando todas as informações obtidas da história daquela doença, gradualmente aperfeiçoando este trabalho, até claramente estabelecer-se o nexo com um determinado diagnóstico. Neste caso, a correta avaliação e interpretação dos dados clínicos envolveu um trabalho exaustivo. E então, **o conjunto de todas as informações apontavam, com maior probabilidade, para o diagnóstico de Esclerose Múltipla. Esta era a minha opinião e este era o momento de transmiti-la.** Eles ouviram. Por alguns instantes não falaram. Olharam-se por algum tempo, como naqueles momentos quando cabe somente aos olhos transmitir a nossa expressão mais eloqüente. Ela baixou a cabeça, segurou a mão de seu pai e silenciosamente chorou. Os olhos dele ficaram brilhantes e avermelhados, fazendo um enorme esforço para controlar a emoção. A minha opinião somava-se a outras, indicando para o diagnóstico desta doença e seu prognóstico turvo. Um diagnóstico, duas palavras, certamente definindo um destino. APL jovem e inteligente, naquele momento experimentava mais um impacto, no penoso processo do reconhecimento de ser portadora de uma doença grave, pelo qual passava há quase um ano. Para eles, o meu diagnóstico de **Esclerose Múltipla** selava definitivamente a busca que faziam.

    Certa vez um paciente que retornava ao consultório trazendo exames que eu havia solicitado e que possibilitariam a emissão do diagnóstico, perguntou-me: "Doutor qual é a minha 'sentença'?" Percebi naquela pergunta muita angustia e desesperança, quando o mesmo associava um diagnóstico a uma sentença. Realmente, neste momento decisivo da vida de um paciente, muitos chegam aos consultórios neste estado de espírito. Há que se fazer a diferença, pois sentença é uma decisão dos tribunais, emitida por um juiz, penalizando alguém que descumpriu a lei. É a contrapartida objetiva e fria relacionada ao ato ilícito, seguida do carimbo *cumpra-se*, sabe-se lá como. Ou então, pode se tratar de uma referência à "sentença divina", inexorável mandado de Deus, alguns até consideram castigo, onde a doença é a penalidade imposta.

    Um diagnóstico clínico nada tem a ver com uma sentença. Em primeiro lugar porque a definição de uma doença nunca será um ato punitivo, relacionando-se de imediato a medidas concretas de ajuda, alívio e cura, se possível. Assim, o diagnóstico que é o coroamento do raciocínio clínico, abre as portas para o tratamento ajustado de cada caso, definindo condições para provê-lo, através dos meios terapêuticos mais seguros e eficazes. A finalidade maior do diagnóstico é o benefício, que deve ser amplamente discutido com o paciente sempre que necessário, para que se estabeleçam as melhores vias de acesso ao alívio. O diagnóstico é um produto artesanal e refinado, arte do exercício médico, aplicada a uma necessidade individual, no encaminhamento da melhora e sempre pressupõe ajuda.

Durante a noite anterior eu havia estudado o caso extensivamente, examinando todas as possibilidades ou todas as doenças que poderiam explicar o conjunto de sintomas que ela apresentava. Este é um exercício clínico, chamado de *diagnóstico diferencial*, quando se determina em que tipo de doença os sintomas apresentados encaixam-se mais adequadamente. A idade e o sexo da paciente, a apresentação da doença, a seqüência dos sintomas afetando diferentes áreas neuro-anatômicas e os sinais encontrados durante o exame neurológico eram indicativos, com maior probabilidade de uma doença desmielinizante*, especificando, Esclerose Múltipla.

O *diagnóstico* e o *prognóstico* associam-se tecnicamente no raciocínio do médico, assim como no entendimento ágil do paciente, neste momento de definição da causa da ameaça à saúde – e muitas vezes à vida –, quando ele se defronta com as respostas para duas questões críticas: *qual é a minha doença e o que irá acontecer comigo*. Neste momento, a quantidade de angústia e

---

* **Doenças desmielinizantes** são aquelas que destróem, em grau variável, a **bainha de mielina**, a qual forma uma camada protéica que protege a fibra nervosa ou axônio e facilita a transmissão dos impulsos bioelétricos através do mesmo. Assim, a bainha de mielina é essencial à função neurológica. Atualmente, a doença desmielinizante de maior expressão é a **Esclerose Múltipla**.
**Sintomas** relacionam-se com as queixas do paciente.
**Sinais** relacionam-se com as alterações encontradas durante o exame médico.

medo que se apossam do indivíduo, certamente é uma expectativa indescritível. O espectro da doença que ronda uma pessoa, envolve gravidade variável. O paciente sente a doença, mas não a compreende. O medo real é indesejável, mas é aceito e tolerado com um nível menor de sofrimento. O medo imaginário, que freqüentemente predomina e povoa as nossas sensações, é disforme, gigante, eminentemente predador na sua capacidade de desorganizar o indivíduo emocionalmente, levando-o ao pânico.

O médico quando pronuncia um diagnóstico, não apenas está especificando determinada doença, em certos casos está determinando novas coordenadas de vida, que poderão alterar significativamente o futuro daquele indivíduo. Por isto, o *diagnóstico* é ponto maior no estudo de um caso, o qual tem base apropriada, devendo ser emitido com cautela e segurança. Obviamente, a sustentação de um diagnóstico é o suficiente estudo e análise do mesmo, produto de indispensável atenção e trabalho elaborados.

Neste sentido, em função da doença, a expressão de um diagnóstico sempre colherá o paciente em um grau menor e maior de fragilização e extremamente sensível, em função do prognóstico. A fim de tornar menos difícil aquele momento, disse que a Esclerose Múltipla, em certos casos, poderia não ser uma doença tão grave e que a possibilidade de produzir seqüelas era variável de pessoa para pessoa. Um pouco mais tranqüila, APL perguntou-me: *"O que é esta doença?"* Respondi que a causa primeira da Esclerose Múltipla ainda não era conhecida. Há muito os médicos sabiam tratar-se de uma doença que produz destruição da bainha de mielina, existindo duas hipóteses para explicá-la. A primeira seria uma causa infecciosa, viral. A segunda, a origem da doença estaria relacionada a uma disfunção no sistema imunitário, aquele que prioritariamente nos defende de suas conseqüências. Continuei explicando: o cérebro pode ser dividido, do ponto de vista de sua arquitetura celular, em duas zonas. 1. Zona celular superficial formada por camadas de neurônios, a chamada córtex cerebral ou substância cinzenta. 2. Zona das fibras nervosas, com axônios protegidos pelas bainhas de mielina, situados profundamente, formando a substância branca subcortical. No interior do cérebro, centralmente, estão os ventrículos cerebrais, cheios de líquor (figura 1 e 2).

## CORTE FRONTAL DO CÉREBRO

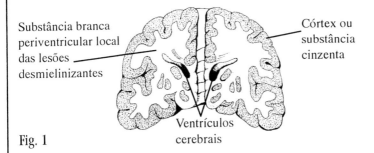

Substância branca periventricular local das lesões desmielinizantes

Córtex ou substância cinzenta

Ventrículos cerebrais

Fig. 1

## CORTE DA MEDULA ESPINHAL

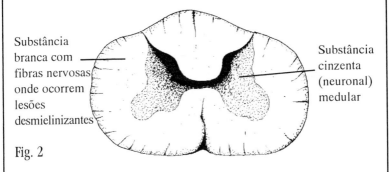

Substância branca com fibras nervosas onde ocorrem lesões desmielinizantes

Substância cinzenta (neuronal) medular

Fig. 2

Na medula espinhal, os neurônios agrupam-se centralmente, formando um "H" de substância cinzenta. Perifericamente situam-se os feixes de fibras, a substância branca (figura 3). O *neurônio* é a célula nervosa principal, formada por um corpo celular, situado na substância cinzenta e pelo axônio, que é um extenso prolongamento condutor de estímulos, sendo uma estrutura de conexão com outros neurônios, recoberto pela bainha de mielina (figura 4 – que mostra a fibra íntegra e no caso de apresentar alterações desmielinizantes). A Esclerose Múltipla é uma doença desmielinizante associada a lesão axonal, portanto, uma doença da substância branca cerebral e medular. (figura 5)

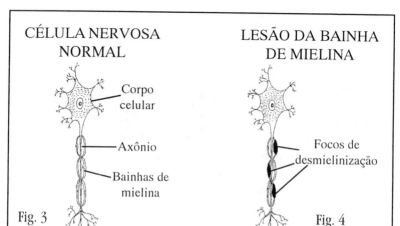

Fig. 3      Fig. 4

A seguir expliquei como os sintomas aparecem através do tempo, desde que é uma característica a produção de lesões esparsas dentro do sistema nervoso central, ou seja, no cérebro, incluindo o nervo óptico e na medula espinhal.

Isto é importante lembrar porque a maioria das doenças causam lesões localizadas. Isto é, um tumor situado na região frontal direita do cérebro, somente dali produz sintomas. Ou uma fratura da quinta vértebra cervical, irá causar sintomas relacionados a esta região específica. A Esclerose Múltipla, através dos anos, determina lesões ora numa região, ora noutra, originando-se daqui um quadro clínico representativo de alterações de função em diferentes áreas ou níveis. Portanto, através do tempo ocorrem episódios de piora ou recaída, em função do desenvolvimento de uma lesão nova. Os episódios de piora se repetem, com intervalos de tempo variáveis, observando-se uma fase de melhora intermediária. Este curso da doença é o mais comum e uma das características desta patologia. A seqüência "piora – intervalo com melhora – piora", a chamada forma "surto-remissão" é a mais freqüente e ocorre em aproximadamente 80% dos pacientes.

É importante registrar que a evolução da doença varia de paciente para paciente, admitindo-se no mínimo oito cursos diferentes (figura 6). Do exame da variedade de cursos conclui-se que existem formas benignas da doença, formas intermediárias e outras mais agressivas. Os cursos diversos se referem a maior ou menor rapidez de progressão, a variação na freqüência das recaídas, na intensidade das mesmas, nos tipos instáveis ou mais estáveis da doença e até mesmo o chamado curso subclínico, isto é, quando a expressão da doença existe (sendo registrada na Ressonância Magnética), mas não existem sintomas.

Os comentários que fizemos, proporcionando informações sobre sua doença, tranqüilizaram a nossa jovem paciente. Se o médico fala, comenta e esclarece tudo o que é possível sobre uma situação, contribuiu para tê-lo mais confiante. O paciente está preocupado, tem medo. E o medo maior é daquilo que se desconhece. No caso da Esclerose Múltipla, tal como referimos previamente, existia em torno dela todo um contexto pessimista, tornando o prognóstico mais negro e triste do que realmente o é. Nunca nos enquadramos dentro deste contexto e sempre discordamos daqueles comentários tristes e simplificados, associado com um prognóstico totalmente ruim. Isto é irreal e é absolutamente desumano submeter um paciente a tal afirmação. Se a comunidade neurológica admite que existem diversos tipos evolutivos, alguns definitivamente benignos, os prognósticos são variáveis. Numa primeira avaliação, confirmado o diagnóstico, é impossível prever como a doença irá evoluir e como o paciente será afetado pela mesma.

## DESTRUIÇÃO DA BAINHA DE MIELINA
## CORTE LONGITUDINAL
## SEGMENTO AXONAL DESPROTEGIDO

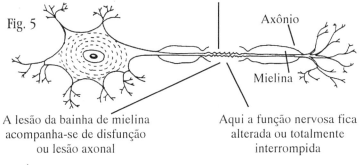

Fig. 5

A lesão da bainha de mielina acompanha-se de disfunção ou lesão axonal

Aqui a função nervosa fica alterada ou totalmente interrompida

É como o fio de luz que perde a proteção isolante de plástico ou de borracha, provocando curto-circuito.

---

\* Atualmente sabemos que a Esclerose Múltipla causa lesão da bainha de mielina e também da fibra propriamente dita, ou axônio.

## A EVOLUÇÃO DA ESCLEROSE MÚLTIPLA
## CURSOS MAIS COMUNS

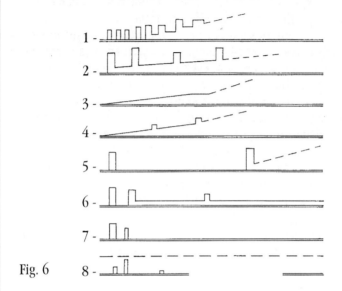

Fig. 6

O Curso da doença através do tempo é variável, observando-se os seguintes tipos mais comuns:

1 - Curso com remissões e recorrências, com progressão rápida.
2 - Curso com remissão e recorrência de evolução lenta.
3 - Curso progressivo crônico.
4 - Curso progressivo crônico com exacerbações.
5 - Início súbito, longa remissão com novo surto tardio.
6 - Recorrências de intensidades e freqüência decrescente, com desabilidade residual mínima. "Esclerose Múltipla estável".
7 - Início abrupto, poucas recorrências na fase inicial, sem déficit residual.
8 - Forma subclínica, os episódios de desmielinização não se acompanham de manifestações clínicas.

O último segmento da consulta de APL referiu-se ao tratamento. No fim dos anos 70 a Prednisona (Meticorten) era um recurso utilizado largamente, para o controle das fases agudas da doença, assim como a Metil-Prednisolona (Solu-Medrol) endovenosa. No caso, a paciente encontrava-se estável sendo dispensável o uso de corticóide. Orientamos a mesma no sentido de manter-se sempre em contato com **um neurologista**, desde que a crise de recaída se identificada e tratada precocemente, menores seriam as conseqüências. Dito isto, a paciente e seu pai disseram-me que gostariam que o tratamento continuasse em Porto Alegre e desde então procuramos sempre oferecer o tratamento mais ajustado a seu caso.

Na vida do profissional médico, casos ocorrem que marcam por suas características singulares. Este foi um destes casos: era 1979 e ali estava uma jovem de 16 anos, previamente saudável, subitamente vítima de uma doença grave, potencialmente capaz de produzir lesões e seqüelas irreparáveis. Uma jovem que manifestou inicialmente perda visual, que se infelizmente progressiva, resultaria numa trágica mudança do curso de sua vida. Uma pessoa ainda íntegra fisicamente, mas que não sabia por quanto tempo ainda continuaria a sê-lo e que a partir de agora, pelo resto da vida, teria que suportar o peso deste diagnóstico. Filha e pai que vieram de muito longe até a minha clínica, pedindo ajuda e orientação para o tratamento futuro. Todo um conjunto de fatos que me fazem recordar este caso em todos os detalhes. Toda uma realidade neurológica, onde tínhamos pouco a oferecer para tratá-la e nada podíamos assegurar a respeito do dia de amanhã. Eu que sempre criticara o *desinteresse* ocorrido no trato da Esclerose Múltipla, os mais de "100 anos de estagnação" e a frieza com que os pacientes eram tratados nos consultórios, quando ouviam repetidamente que "se é Esclerose Múltipla nada se tem a fazer", naquele momento *eu firmei o meu interesse pelo estudo desta patologia*. Foi uma decisão com base na minha responsabilidade como médico. A minha formação especializada como neurocirurgião, a qual exerço, que teve desde seu início uma forte base neurológica clínica, tal como é exigido nas Universidades de Londres e Edimburgo, na Europa, onde realizei grande parte de minha pós-graduação especializada, facilitou o estudo e o entendimento desta doença. Acompanhar o progresso nas investigações que ocorreram nos últimos 20 anos foi uma determinação, movido pelo desejo de participar do grupo de profissionais que também adotaram este interesse, com o propósito sincero de fazer o melhor possível por estes pacientes.

## ESCLEROSE MÚLTIPLA

## TEMPOS MELHORES E RAZÕES PARA MAIS ESTUDO E PESQUISA

Farei agora uma revisão, comentando desde aspectos clínicos até o tratamento da Esclerose Múltipla, procurando registrar objetivamente a situação atual do conhecimento desta doença. Sem dúvida, os portadores vivem atualmente tempos melhores porque inúmeros novos e importantes avanços foram conquistados, facilitando o entendimento desta patologia. Razões para mais estudo e pesquisa sensibilizaram os departamentos de neurologia das grandes instituições que tratam especificamente de Esclerose Múltipla e universidades, definindo claramente que existe um interesse uniforme, internacional e sólido no sentido de resolvê-la.

Esta doença tem usualmente um início súbito, manifestando-se em pessoas jovens entre 20 e 45 anos. Com menor freqüência, os sintomas e sinais podem se iniciar precocemente e tenho uma de minhas pacientes que com 11 anos de idade já tinha o diagnóstico de Esclerose Múltipla definido. O início após os 45 anos é raro. Previamente já referimos que a doença prefere indivíduos da raça branca e que existe uma distribuição geográfica predominante em países de clima frio. Existe a influência de fatores genéticos relacionados a variedades do HLA (antígenos de hitocompatibilidade) e fatores infecciosos, considerando-se a relação da doença com vírus. Fatores emocionais, relacionados ao estresse, são importantes, mas com participação na origem da doença ou no desencadear das crises ainda não entendido adequadamente. Na minha experiência creio que o estresse tem uma função importante e definitiva no desencadeamento da doença e de suas crises. No entanto, **o conhecimento científico já determinou que os fatores de ordem imunológica são os mais importantes de momento. Na Esclerose Múltipla o sistema imune se altera, isto é, se desorganiza setorialmente, dentro do sistema nervoso cen-**

tral, quando as células de defesa perdem a capacidade de reconhecer outras células e estruturas normais do próprio organismo, no caso a bainha de mielina, agredindo-a. Resulta uma auto-agressão, ou doença auto-imune, tal como é considerada atualmente. Ainda desconhecemos por que a desordem auto-imune tem início.

Na Esclerose Múltipla, as alterações lesionais da fibra nervosa ocorrem em seqüência, em dois tempos:
Primeiro tempo: ALTERAÇÕES INFLAMATÓRIAS.
Segundo tempo: DESTRUIÇÃO DA BAINHA DE MIELINA E LESÃO AXONAL

O passo mais importante para este conhecimento foi desenvolvido em laboratórios de pesquisa, trabalhando-se com animais de experimentação, quando foi possível produzir nos mesmos uma doença chamada de Encefalomielite Alérgica Experimental (EAE). Estes trabalhos iniciaram em 1932, quando a doença foi induzida em laboratório a primeira vez, após a injeção de concentrados de proteínas de mielina. Em continuação, já na década de 60, mais estudos e pesquisas nesta mesma linha, observaram que os animais injetados com soluções de mielina, desenvolviam uma doença neurológica que era inicialmente inflamatória e, num segundo tempo, desmielinizante. A EAE em tudo se parecia à Esclerose Múltipla humana e transformou-se num modelo de pesquisa e que, posteriormente, permitiu a indicação de que esta se tratava de uma doença auto-imune. Em animais com EAE foram testados medicamentos e verificado a eficácia dos corticóides, dos Interferons e também observou-se que os mesmos melhoravam quando recebiam um preparado de proteína básica de mielina por via oral. Esta comprovação laboratorial em animais, conduziu a programas de pesquisa em seres humanos, até definir-se uma clara sinalização para indicação de medicação antiinflamatória (corticóides), imunorreguladora (Interferons) e inibidora da resposta imune lesional (Copolímero 1), em tratamentos que possuem base científica para sua utilização. Farei posteriormente outras considerações sobre o tratamento.

As manifestações iniciais da doença incluem os seguintes sintomas e sinais:

1. Alterações visuais
   visão dupla
   visão borrada
   alteração do campo visual
   comprometimento de um olho ou de ambos
2. Perda de força nos membros superiores e/ou inferiores
3. Alterações da sensibilidade na face, nos braços, nas pernas: dormências, formigamentos, anestesias
4. Perda da coordenação dos movimentos
5. Dificuldade para falar
6. Perda do equilíbrio
7. Perda do controle urinário
8. Cansaço, tonturas e vertigens
9. Dor facial (nevralgia trigeminal)
10. Perda auditiva

Após as manifestações iniciais, usualmente observa-se um período de alívio de muitos meses, com pronunciada melhora dos sintomas. Transcorrido um certo tempo, novos sintomas aparecem, ou o paciente sente algo que se relaciona com os sintomas anteriores. Isto é repetitivo e assim a Esclerose Múltipla é um "vem e vai", um "piora-melhora" de sintomas, descrevendo a forma ou curso "surto-remissão", que aproximadamente 80% dos pacientes apresentam. A doença evolui através de outros cursos, o que já foi apresentado (figura 5), definindo-se várias formas, com uma escala variável e individual de rapidez de evolução e gravidade. Os neurologistas têm uma preocupação adicional diante do curso chamado "progressivo crônico", onde os episódios de remissão ou alívio não são observados, o que confere ao mesmo uma maior agressividade. No outro extremo temos a apresentação ou forma "subclínica", isto é, quando uma pessoa tem os sinais da doença, observados na Ressonância Magnética, estando assintomático. Isto é o que pode ocorrer com gêmeos univitelinos (gêmeos idênticos), quando um deles apresenta o quadro clínico definitivo da doença e o outro não tem sintoma algum levando uma vida normal, embora a ressonância registre alterações. Esta variabilidade de tipos evolutivos deve ser exaustivamente pesquisada a fim de apreender-se os motivos que tornam algumas formas especialmente benignas.

O **diagnóstico da Esclerose Múltipla** assenta-se, de momento, num protocolo que cumpre os seguintes itens:

1. História clínica e Exame Neurológico (este é o item mais importante), com dados sugestivos da doença.

2. Exame liquórico, com aumento da fração gama-globulina do conteúdo protéico, presença de bandas oligoclonais e outras alterações.

3. Ressonância Nuclear Magnética registrando áreas lesionais o cérebro e/ou na medula.

4. Potencial Evocado que mede a velocidade e condições da condução de estímulos através dos nervos, sendo de maior valor o potencial evocado visual quando registra aumento do tempo de condução retino-cortical.

5. Identificação e/ou exclusão de outras doenças graves: hipertensão arterial sistêmica, diabete mellitus, HIV, HTLV I/II.

Existe uma doença chamada *Paraparesia Espástica Tropical*, causada pelos vírus HTLV I/II, que determina um quadro clínico que pode muito se parecer com Esclerose Múltipla, a qual deve ser investigada sempre, realizando-se os testes laboratoriais específicos.

**Confirmando o diagnóstico de Esclerose Múltipla, deve-se definir o tratamento.** Este pode ser dividido em dois segmentos:

A. Medidas terapêuticas de ordem geral:
ALIMENTAÇÃO SAUDÁVEL
SUPLEMENTO VITAMÍNICO, MINERAL, ANTIOXIDANTE
EXERCÍCIOS FÍSICOS. FISIOTERAPIA
FONOAUDIOTERAPIA
ADMINISTRAÇÃO ADEQUADA DO "STRESS"
PSICOTERAPIA

O texto deste livro trata de forma apropriada e ampla deste segmento.

## TRATAMENTO MEDICAMENTOSO

Os **Corticosteróides**. De valor considerável, falarei sobre a Prednisona (Meticorten) e Metil-Prednisolona (Solu-Medrol) endovenosa.

Na primeira fase da doença desmielinizante, isto é, na fase inflamatória, a Prednisona é de ajuda incontestável, por sua ação antiinflamatória e antiedema. Eu recomendo o uso de Prednisona assim que um paciente tem o diagnóstico definido e se encontra no início de um surto. A dose deverá ser adequada, determinada pelo neurologista e mantida pelo tempo suficiente para o controle do quadro clínico. Considerando-se os recursos atuais, não há dúvida que a Prednisona é útil nesta fase da doença. No entanto, a manutenção do corticóide por tempo prolongado demais deve ser evitada.

Quando se utiliza o corticóide, deve-se levar em conta os paraefeitos, que são vários e que determinam cautela ao fazê-lo. É necessário que o médico assistente seja consultado e ouvido durante este tratamento, a fim de que eventuais reações ao medicamento sejam amenizadas. Isto é, ninguém deve tomar corticóide "por conta própria".

O uso da Metil-Prednisolona endovenosa é realizado em hospital, durante quatro dias, quando o paciente recebe este tratamento através de um soro. Este tratamento é conhecido como Pulsoterapia.

É outra forma eficaz de tratamento corticóide, especialmente indicado em casos de início da doença com sintomas de perda visual, isto é, de "neurite óptica". Existem trabalhos publicados que comprovam a eficácia da Pulsoterapia nestas situações.

Os **Interferons** surgiram no cenário médico na década de 50 e pela primeira vez, em Neurologia, no tratamento da Esclerose Múltipla, no início dos anos 80. (No tratamento desta doença, as terapias de boa qualidade demoraram décadas para se estabelecerem como tal). Sem dúvida, até hoje, foram os Interferons o grande passo na história do tratamento desta patologia. Inúmeros cientistas trabalharam para que isto ocorresse. Gostaria de citar Lawrence Jacobs que em 1981 foi um dos precursores a utilizar e relatar os benefícios do Interferon no tratamento da Esclerose Múltipla (inicialmente Jacobs administrava o medicamento por via espinhal, isto é, intratecal). Este autor, Knobler e outros participaram dos estudos sobre a aplicação do Interferon alfa recombinado no tratamento. Em 1983 e 84 trocamos correspondência com o Dr. Jacobs, pois eu acompanhava a literatura neurológica sobre o assunto e queria mais informações, isto é, o relato pessoal do pesquisador. Até hoje sou grato a este mestre que gentilmente, naquela época, contava-me suas experiências e expectativas, sempre manifestando seu otimismo a respeito deste novo corredor terapêutico que se abria. Devemos a ele, a Knobler e a outros pesquisadores a orientação que possibilitou o uso do Interferon alfa recombinado, em fins dos anos 80, pela primeira vez, em pacientes com o curso evolutivo surto-remissão. Até o início dos anos 90, um pequeno grupo de dez pacientes recebeu este tipo de <u>interferon precursor</u> (fase pré-interferon beta) e destes podemos observar até hoje o efeito benéfico em cinco deles, os quais se mantêm com vida independente, "administrando" sabiamente pequenos graus de deficiência neurológica, mas aptos a uma vida ativa e produtiva. Permito-me abrir um espaço para registrar que APL, a minha jovem paciente e heroína na luta contra a doença, está incluída neste grupo. Até hoje ela se mantém em controle clínico conosco. Complementarmente, a eficácia do Interferon alfa recombinado foi comprovada através do estudo randomizado de L. Durelli. O uso do Interferon alfa e o beta intratecal abriu amplo caminho de novas perspectivas terapêuticas que temos atualmente.

Devemos mencionar, entre tantos pesquisadores e grupos de estudo, o trabalho desenvolvido pelo IFNB Multiple Escleroses Study Group (1993), que definiu as bases científicas da eficácia do Interferon Beta 1b (BETAFERON). Novamente L. Jacobs teve eloqüente participação de 1994 a 1996, definindo a eficácia do Interferon Beta 1a (REBIF) no tratamento da Esclerose Múltipla. Menciono com especial gratidão o trabalho de William Sheremata, da Universidade de Miami, que há muitos anos provê sábios ensinamentos, desenvolvendo um trabalho sério e considerável com o uso de Interferon Alfa Humano e contribuindo com idéias e estudos para o desenvolvimento de outros tipos de Inter-ferons para produzir maior eficácia com menos reações adversas e menor grau de resposta imune (Interferons altamente purificados, para amenizar a produção de anticorpos neutralizantes).

A ação dos Interferons se dá através de três áreas de atividade destas substâncias:

1. Ação antiviral
2. Ação antitumoral
3. Ação imunorreguladora

A ação antiviral corresponde às indicações do Interferon Alfa Recombinado no tratamento da hepatite a vírus, por exemplo.

A ação antitumoral ou antineoplásica corresponde à utilização do Interferon no tratamento da leucemia (tricoleucemia), por exemplo.

**A ação imunorreguladora corresponde à utilização dos Interferons no tratamento da Esclerose Múltipla.** É esta atividade terapêutica que determina o grau de eficácia destas drogas, amenizando os sintomas e sinais da Esclerose Múltipla em aproximadamente 40%. Esta quantidade de melhora resulta da **ação terapêutica dos Interferons Beta, os interferons da atualidade**, quando:

   a) Diminui o número de surtos através do tempo
   b) Diminui a intensidade dos surtos
   c) Diminui a quantidade de lesões cerebrais provocadas pela doença (registrado em exames seriados de ressonância magnética).

**Portanto, de momento, esta terapêutica é de eficácia comprovada e apropriada para o tratamento da Esclerose Múltipla no sentido de amenizar o curso da doença, o que sem dúvida é constatado.**

O uso do Interferon Beta necessita de permanente supervisão do neurologista assistente, em virtude de parefeitos e reações adversas que podem ocorrer.

O impacto do Interferon Beta no tratamento da Esclerose Múltipla poderia ser representado pela figura 7, onde se verifica que a progressão da doença tornada mais lenta, é representada pelo animal de velocidade menor.

IMPACTO DO INTERFERON BETA NA EVOLUÇÃO DA ESCLEROSE MÚLTIPLA

SEM INTERFERON A DOENÇA ANDA MAIS RÁPIDO

COM INTERFERON OCORRE ALIVIO DOS SINTOMAS E MENOR RAPIDEZ NA PROGRESSÃO DA DOENÇA DA ORDEM DE 40%

O Acetato de Glatirâmer (Copaxone®), novo recurso terapêutico, produz resultados semelhantes.

Obs.: A resposta terapêutica não é uniforme para todos os casos.

Fig. 7

Nesse sentido e na situação atual, quando ainda não temos a cura, querer que a doença estabelecida em um paciente se desenvolva a passos de tartaruga, é altamente benéfico.

**O tratamento com Copolímero 1, acetato de glatirâmer (Copaxone®)** é uma nova opção terapêutica. Trata-se de um preparado que associa quatro aminoácidos, quais sejam L-alanina, L-ácido glutâmico, L-lisina e L-tirosina, que estão relacionadas à proteína básica da mielina e que têm a função de atuar como supressores da atividade inflamatória e desmielinizante. Publicação recente (Miller & Shapiro) dá conta que o acetato de glatirâmer interfere beneficamente no mecanismo autoimune produtor da doença, por um lado suprimindo a ação pró-inflamatória e por outro, elevando a capacidade de resposta antiintiflamatória. O resultado é uma diminuição na média anual de recaídas e uma tendência à estabilização dos sintomas. Trata-se de medicamento novo, ainda de uso limitado em nosso País. No entanto, evidências científicas apontam que este produto possui um grau de eficácia semelhante aos Interferons.

A EXPERIÊNCIA E O CONVÍVIO COM PACIENTES PORTADORES DE ESCLEROSE MÚLTIPLA NOS ENSINOU QUE ELES NECESSITAM DE ATÊNÇÃO MAIS ABRANGENTE. A nossa conduta inclui um programa terapêutico que atua em três frentes:

1. O ataque aos sintomas básicos da doença, com a utilização dos medicamentos citados anteriormente.

2. Medidas de ordem individual – definição do estágio/curso da doença e adoção de medidas complementares adequadas – fisioterapia, fonoaudioterapia, **combate ao "stress"**, regras alimentares, tratamento medicamentoso sintomático etc.

3. Atenção aos **sintomas secundários e problemas associados** (que podem até ser graves e incômodos).

Merece destaque a **influência do "stress"**, desde que o início da doença, assim como a ocorrência de recaídas, em inúmeros casos nos parecem fatos associados. Comentamos este assunto com todos os pacientes, estimulando-os a considerá-lo. *Temos a* *forte impressão de que aqueles pacientes que pela determinação e esforço próprios, alteram para melhor a moldura emocional, formam um grupo que detém maiores chances de ter esta doença sob controle.* Esta é uma impressão pessoal muito nítida, porque quando o paciente consegue moldar os seus afetos favoravelmente, isto é, reduzindo o desgaste resultante de suas ansiedades, ISTO FAZ A DIFERENÇA PARA MELHOR.

Durante o transcurso da Esclerose Múltipla vários **sintomas secundários e problemas associados** devem merecer a nossa atenção, desde que são ocorrência freqüente. Podemos ter:

A. Sintomas de aparecimento súbito
– dor facial ou nevralgia trigeminal
– disartria (distúrbio da fala) aguda
– súbita perda de equilíbrio
– crises de prurido
– crises de dor – crises de dormência
– crise aguda de perda dos movimentos
– crise convulsiva

B. Outros sintomas e problemas
– movimentos anormais (o tremor é o mais freqüente)
– fadiga
– problemas relacionados à gravidez
– depressão
– instabilidade da estrutura familiar associada à doença
– etc.

O paciente deve referir os seus sintomas ao médico e este deve manter-se vigilante para detectar e tratar estas situações, muitas das quais têm tratamentos bastante eficazes. Assim é o caso da nevralgia trigeminal, do tremor, das crises convulsivas e outros sintomas. A depressão deve ser diagnosticada e tratada: um paciente deprimido e não tratado irá piorar em todas as direções.

Sendo a Esclerose Múltipla uma doença de mulheres jovens em época fértil, a gravidez deve ser considerada. Recentemente foi publicado um artigo a este respeito (Confavreux & Hutchinson), onde os autores expressam a opinião que o eventual risco de piora durante a gravidez não estaria relacionado aos nove meses da fase gestacional, mas sim ao período que inclui os primeiros três meses após parto.

A família do paciente deve merecer consideração apropriada. Os pacientes terão uma sobrevida muito próxima do normal, tornando-se através dos anos altos consumidores de medicamentos, cuidados e atenções, fazendo da Esclerose Múltipla uma doença do indivíduo, inserido no contexto familiar que lhe suporta. Incluimos aqui outras pessoas que prestam cuidados aos pacientes. Todos devem receber o máximo de informações sobre a doença, na busca de ter o grupo familiar psicologicamente estável (até com suporte psicoterápico, quando isto for exigido), o que diretamente favorecerá o paciente.

O estudo da Esclerose Múltipla nos últimos 20 anos possibilitou o conhecimento e o progresso que temos hoje. Felizmente, hoje entendemos melhor esta doença e podemos proporcionar tratamentos e ajuda mais efetivos. Vivemos tempos melhores, mas a cura ainda não foi alcançada. Este é o desafio maior e razão para muito mais estudo e pesquisa.

# PROGRAMAS DE TRATAMENTO PARA ESCLEROSE MÚLTIPLA

Os programas de tratamento para Esclerose Múltipla pela complexidade que envolvem e pelo custo elevado, devem sempre ser desenvolvidos por instituições. Há 11 anos, eu trabalho como Assessor de Neurologia, junto à Secretaria de Estado de Saúde e Meio Ambiente do Rio Grande do Sul, numa área denominada Assessoria de Medicamentos Especiais. Nesta função sempre procuramos auxiliar o grupo de pacientes portadores de Esclerose Múltipla, em função das características da doença, da população jovem que é vítima da mesma e de nosso interesse especial no seu estudo. Assim, temos hoje o Programa de Tratamento para Esclerose Múltipla, que fornece medicamento para 45 pacientes, os quais recebem Interferon Beta 1a (REBIF) e Interferon 1b (BETAFERON), seguindo a prescrição e orientação clínica dos respectivos neurologistas assistentes. Esta Assessoria é, portanto, uma assessoria exclusivamente técnica. Este programa foi elaborado considerando um protocolo de inclusão de pacientes, que segue o modelo utilizado nos serviços de neurologia interessados no tratamento da Esclerose Múltipla, com algumas alterações que julgamos oportuno acrescentar. Creio que este protocolo pode ser útil para futuros serviços prestadores de atenção a pacientes com esta doença e por isto reproduzimos a íntegra do mesmo, onde se estabelecem as condições de inclusão e exclusão.

# NORMA TÉCNICA

Dispensação dos Interferons Beta 1a e Beta 1b no tratamento da Esclerose Múltipla.

OS PORTADORES DE ESCLEROSE MÚLTIPLA PARA DISPENSAÇÃO DO INTERFERON BETA 1A E 1B DEVERÃO ATENDER AOS SEGUINTES CRITÉRIOS:

1 – Critérios Clínicos
- 1.1 – Paciente com idade entre 18 a 55 anos.
- 1.2 – Pacientes que apresentam a doença na categoria "surto-remissão" e que tenham tido pelo menos dois surtos da doença nos últimos dois anos.
- 1.3 – Pacientes que não perderam a capacidade de caminhar (deambular) com independência.
- 1.4 – Que na escala de Kurtzke tenham um escore igual ou inferior a 5,5, isto é, portadores de comprometimento neurológico de grau moderado.
- 1.5 – Que obedeçam os demais critérios diagnósticos estabelecidos pelo autor Poser e colaboradores.

2 – Critérios laboratoriais e de documentação por imagem
  2.1 – Exame do líquido cefalorraquidiano.
  2.2 – Potenciais Evocados.
  2.3 – Ressonância Nuclear Magnética.

Todos os resultados da avaliação complementar devem convergir para a confirmação do diagnóstico de Esclerose Múltipla, assim como servirão para excluir outras doenças.

# Critérios de Exclusão

1 – Serão excluídos todos os pacientes que não atendam os critérios de inclusão.
2 – Pacientes que apresentam Esclerose Múltipla nas categorias progressivas.
3 – Portadores de HTLV-I/II reagentes.
4 – Portadores de HIV positivo.
5 – Portadores de hepatite aguda ou crônica.
6 – Pacientes com doenças psiquiátricas graves.
7 – Pacientes grávidas.
8 – Pacientes em fase de lactação.
9 – Pacientes que tenham utilizado imunossupressores, tais como Azatioprina, Ciclosfosfamida, Ciclosporina, nos últimos seis meses, antes do início do tratamento com Interferon Beta, ou que estejam fazendo uso dos mesmos.
10 – Pacientes portadores de doenças sistêmicas, tais como hipertensão arterial sistêmica grave, diabete mellitus avançado etc.

Esta norma técnica entra em vigor na data de sua publicação, revogando-se as disposição em contrário.

Porto Alegre, 17 de abril de 1998.

Algumas condições são anexos importantes das regras deste programa:

1 – Todo paciente e seu neurologista assistente têm conhecimento das regras do programa e se predispõem a colaborar com o mesmo.

2 – Os pacientes devem relatar eventuais reações adversas ocorridas.

3 – Os médicos assistentes devem encaminhar relatórios bimestrais referentes à evolução de cada caso, incluindo o resultado de exames complementares.

4 – Durante o tratamento, pacientes com reações adversas consideráveis são avaliados, juntamente com o médico assistente, para exclusão do programa, quando isto se impõe.

5 – O Programa estimula que se utilize corretamente o Interferon prescrito pelo neurologista assistente.

**A experiência que colhemos até o presente é nitidamente favorável à execução destes programas, sob a organização de especialistas em neurologia interessados no tratamento da Esclerose Múltipla e com a sustentação financeira da entidade governamental.**

Ao término deste trabalho, o reconhecido agradecimento a tantos mestres da neurologia, muitos citados no transcurso do texto e tantos outros que reverenciamos e que não foram citados. Quem estuda Esclerose Múltipla sabe e valoriza todos os pesquisadores que decisivamente participaram da construção do progresso que se tem hoje. Em especial deverá sempre ser lembrado o Mestre Maior, o Pai da Neurologia, Jean-Martin Charcot, francês, que em 1868 descreveu pela primeira vez o quadro clínico e as alterações neurológicas provocadas pela Esclerose Múltipla. Charcot nasceu em 1815 e faleceu em 16 de agosto de 1883, com 68 anos de idade.

# REFERÊNCIAS

1. McAlpine D. (1965) Multiple Sclerosis a Reappraisal. Ed.: Livingstone Ltd Edimburgh & London.
2. Goodkin D. E., Rudick A. (1996) Multiple Sclerosis. Ed.: Spinger-Verlag Great Britain.
3. McDonald W. I. et al (1994) The pathological and clinical dynamics of Multiple Sclerosis. J. Neurophathol. Ext Neurol 53:338-343.
4. Miller D. H. et al (1991) Magnetic Resonance Imaging in Monitoring Multiple Sclerosis Treatment. J. Neurol Neurosurg Psychiatry 54:683-688.
5. Khoury S. J. et al (1994) Lonitudinal MRI in Multiple Sclerosis: correlation between disability and lesion burden. Neurololy 44 (suppl 11):2120-2124.
6. INF Beta Multiple Sclerosis Study Group (1993) Interferon beta 1b is effective in relapsing-remitting Multiple Sclerosis. Neurology 43:655-661.
7. Durelli L. et al (1994) Chronic Sistemic high dose recombinant interferon alpha $2^{\underline{a}}$ reduces exarcebation rate, MRI signs of disease activity and lymphocyte interferon gamma production in relapsing remitting MS. Neurology 44:406-413.
8. Knobler R. L. et al (1984) Systemic alpha-interferon therapy in Multiple Sclerosis. Neurology 34:1273-1279.
9. Kurtzke J. F. (1983) Rating neurological impairement in Multiple Sclerosis: an expanded disability status scale (EDSS). Neurology 33:1444-1452.
10. Jacobs L. et al (1981) Intrathecal interferon reduces exacerbations of Multiple Sclerosis. Science 214:1026-1028.
11. Beck R. W. (1993) The effect of corticosteroids for racute optic neuritis on the subsequent development of Multiple Sclerosis. N. Engl. J. Med. 329:1764-1769.
12. Jacobs L. (1996) Intramuscular interferon beta la for

disease progression in rellapsing multiple sclerosis. Ann Neurol 39:285-2294.
13. Johnson K. P. (1995) Copolymer I reduces relapse rate and improves disability in relapsing-remitting multiple sclerosis: results of phase III multicenter, double-blind, placebo-conrolled trial. Neurology 45:1268-1276.
14. Johnson K. P. Bornstein M. B. (1996) Treatement of Multiple Sclerosis with Copolymer 1. In Multiple Sclerosis, Eds.: Goodkin D. E., Rudick R. A. Springer-Verlag (Great-Britain):289-312.
15. Optic Neuritis Study Group (1997) The 5-year risk of MS after optic neuritis. Neurology; 49:14004-1413.
16. Sheremata W. (1996-1998) Comunicação Pessoal. Universidade de Miami, USA.
17. Miller A., Shapiro S. (1998) Treatment of Multiple Sclerosis with Copolymer 1 (Copaxone). J. Neuroimmunol Dec. 1; 92:113-121.
18. White D. M. (1998) Treating the family with Multiple Sclerosis Phys Med Rehabil Clin N Am. Aug. 9; (3):675-687.
19. Confavreux C. et al (1998) Rate of pregnancy-related relapse in Multiple Sclerosis. Pregnancy in Multiple Sclerosis Group. N Engl J Med Jul. 30; 339(5):285-291.

***TELMO TONETTO REIS***
**MEMBRO DA SOCIEDADE BRASILEIRA DE NEUROCIRURGIA**
**MEMBRO DA ACADEMIA BRASILEIRA DE NEUROCIRURGIA**
**MEMBRO DA AMERICAN ACADEMY OF NEUROLOGY (USA)**
Clínica Neurológica e Neurocirúrgica
Rua Mostardeiro, 333 Conj. 411
Porto Alegre 90.430-001
Fone/fax: 051-3466066
e-mail: cnn@cpovo.net
neurologia@cpovo.net

# ADENDUM – SETEMBRO 1999

Felizmente, a Esclerose Múltipla é um extraordinário campo de estudo e pesquisa nos nossos dias. Desde que enviamos aos editores o manuscrito inicial, em fins de 1998, um número expressivo de novas informações foram publicadas e discutidas em reuniões e congressos. Isto é essencialmente salutar, pois a cada dia caminhamos para o melhor entendimento desta doença.

Assim, colhemos algumas informações do que foi recentemente divulgado e pela importância passamos aos leitores.

1. M.E. Schwab, Brain Research Institute, Universidade de Zurich, divulgou em setembro/99 importantes resultados de suas pesquisas referentes à regeneração neuronal e plasticidade do tecido nervoso. Em laboratório ele conseguiu a regeneração de axônios lesados (axônio é a fibra nervosa que transmite impulsos nervosos). Lesões de fibras nervosas de várias etiologias apresentaram regeneração e conseqüente recuperação de função, quando tratadas com "anticorpos neutralizantes do fator inibidor do crescimento axonal". Conseguiu também, com o mesmo tratamento, que "brotos" de células nervosas sãs tivessem um longo crescimento adicional para suprir funções de células já lesadas. Este trabalho, cuja discussão acompanhamos recentemente, na Suíça, tem um resumo publicado na revista "Multipla Sclerosis Clinical and Laboratory Research", suplemento de setembro de 1999.

2. M. Filippi, um neurorradiologista italiano, apresentou importante contribuição referente à Ressonância Nuclear Magnética e uma técnica associada, chamada de Transferência de Magnetização, no estudo da Esclerose Múltipla, estabelecendo que esta doença é mais difusa do que se pensava. Neste sentido, os estudos deste pesquisador contribuem para o melhor entendimento da doença e para a necessidade que temos de tê-la diagnosticada o mais precocemente possível.

3. A utilização dos Interferons Beta 1a e 1b para tratamento da Esclerose Múltipla foi mais uma vez ressaltada como a melhor

opção terapêutica atual. A eficácia dos Interferons atualmente disponíveis é similar. No entanto, os benefícios deste tratamento far-se-ão sentir de modo mais sensível a partir do segundo ano de tratamento. Existem evidências de que o grau de perda neuronal poderá ser amenizado em até 55%, a partir do segundo ano de tratamento. Esta observação parece ser mais sensível para os pacientes tratados com Interferon Beta 1a. Quando existir indicação para tratamento com os Interferons, deve-se iniciá-lo o mais precocemente possível. Dose mais elevada de Interferon Beta 1a, qual seja, 12 milhões de unidades semanais e até doses maiores, seriam ainda mais eficazes, no tratamento da Esclerose Múltipla.

4. Doses mais elevadas de Metilprednisolona (a pulsotcrapia) e a imunoglobulina endovenosa são novas opções de tratamento que podem ajudar.

5. A Plasmaferese eventualmente poderá ser útil. Trata-se de uma técnica de tratamento de alto custo, complexa e de resultados transitórios.

6. É essencial que toda pessoa com suspeita de Esclerose Múltipla tenha acesso a um Serviço de Neurologia com interesse especial para seu estudo, com as melhores condições de definir este diagnóstico.

7. Durante a Reunião do Comitê Europeu para Tratamento e Pesquisa da Esclerose Múltipla, realizada na Basiléia, Suíça, setembro de 1999, inúmeras sessões foram destinadas a avaliação de um importantíssimo problema: o acesso dos pacientes ao tratamento da melhor qualidade possível. Evidentemente, falava-se, tal como ocorre em qualquer lugar do mundo, de tratamento de alto custo, assim como o é aqui no Brasil. Este é um problema de solução difícil, pois quando as pessoas caem doentes, incapazes de produzir, é que surge a necessidade de gastos de grande volume. Em resumo, as conclusões a que chegaram, denominaram de "pontes", isto é, somente lançando pontes de união e trabalho cooperativo, incluindo pacientes, governos, associações de portadores e indústria farmacêutica

é que ter-se-á as melhores condições para assegurar ao indivíduo o melhor atendimento e tratamento, disponibilizando o medicamento a quem dele necessita. No entanto, não há como deixar de reconhecer que tratamentos de alto custo e longa duração, desde que existam evidências científicas de eficácia e segurança de uso, são prioritariamente uma responsabilidade da Autoridade de Saúde do Governo.

8. Anexamos o texto original da "Declaração de Nice", produzida durante o Simpósio da European Charcot Foundation, reunida na cidade de Nice, França, em outubro de 1998, cujo conteúdo traduz o ponto de vista e o interesse dos europeus em Esclerose Múltipla.

*The participants of the European Charcot Foundation Symposium on
"Scoring and Databasing in Multiple Sclerosis" held in Nice, France From
October 29 - 31, 1998 have unanimously accepted and endorsed this declaration.*

## NICE DECLARATION

Multiple Sclerosis is a prominent disease of the central nervous system usually leading to early disablement in young adults, and having implications for severe burden. At least 350,000 persons in Europe have the disease.

In recent years scientific advances in diagnosis and improvements in treatment have dramatically inereased the knowledge and interest in Multiple Sclerosis. All persons with MS must have the option to receive treatments that may positively change their outlook on life, and improve their social and economic status. It is within the reach of governments, health authorities, health care communities, industry and MS Societies to provide conditions that could strongly improve diagnosis, treatment, care and welfare of persons with MS.

### Basic goals
Prevention and reduction of disablement and socio-economic loss. Full maintenance of daily life activities and social participation.

### Methods
Provide persons with MS with full information and facilities for
- early diagnosis.
- management strategies for different disease stages.
- access to appropriate follow-up.

### Objetives for the next 5 years (quintennium)
1. Improve authorities' awareness of
- medical impact.
- socio-economic impact.
- new management possibilities.

2. Improve patients' awareness of the importance of
- early diagnosis.
- continuous follow-up.

3. Organise a network of MS centers and provide accessibility of optimal care for all persons with MS.

4. Develop and implement a standardized European database including
- standardized decision-oriented medical records.
- indicators for performance outcome monitoring and quality control in individual persons with MS.

5. Improve co-operation between independent patient organisations, government, health care communities and industry.

6. Improve recruitment, competence and dedication of MS clinicians and researchers.

The participants of the Nice Symposium charge the European Charcot Foundation to take these goals as its first priority and responsibility.
Nice, October 31, 1998.

## *Conclusão*

Quer sarar? Então cuide-se. Com muito amor mesmo. Não se agarre a desculpas de nenhuma espécie, faça o que lhe é possível fazer.

— Não tem muitos recursos financeiros? Faça o que pode dentro de suas possibilidades, ou lute para conseguir que alguém lhe ajude. Verifique em sua cidade como receber os medicamentos (que são um direito seu) do governo, através de algum programa específico ou de outra forma em que o estado esteja atuando. Lute por seus direitos.

— Não dá para fazer ginástica sem apoio? Segure-se na mesa da cozinha, no parapeito da janela, nas mãos de alguém...

— Não dá para fazer sozinho? Peça ajuda.

O que mais posso dizer-lhe? Que não desista de si mesmo, dificuldades existem para qualquer ser no planeta.

Escolha emergir, sempre há uma parede onde falta um tijolo para nos segurarmos!

Busque, busque, busque...

A vida vale esta busca.

FIM?

– eterno continuar –

LIVROS QUE AJUDAM:

– Entrando em Forma de Bob Anderson, Ed. Burk e Bill Pearl, Summus Editorial
– A Ginástica Chinesa de Dr. Dahong Zhuo, Ed. Record
– Do Jardim do Éden à Era de Aquário – O livro de Cura Natural de Greg Bridsky, Ed. Ground
– Zen Shuiatsu de Mário Jahara-Pradipto, Summus Editoral
– O Livro do Do-In de Michio Kushi, Ed. Ground
– Do-In para Crianças de Juracy Cansado, Ed. Ground
– Shantala de Frédérick Leboyer, Ed. Ground
– O Corpo Tem Suas Razões e As Estações do Corpo de Thrése Berthrat, Ed. Martins Fontes
– Dança Experiência de Vida de Maria Fux, Summus Editorial
– Shiatsu dos Pés Descalços de Shizuko Yamamoto, Ed. Ground
– Os Remédios Florais do Dr. Bach incluindo Cura-te a Ti Mesmo de Edeard Bach, Ed. Pensamento
– Manual de Medicina Integral de Dr. Márcio Bontempo, Ed. Best Seller
– Eutonia de Guerda Alexander – Um Caminho para a Percepção Corporal, Ed. Martins Fontes
– O Alquimista de Paulo Coelho, Ed. Rocco
– A Cura Quântica, O Retorno de Rish e As Sete Leis Espirituais do Sucesso de Deepak Chopra, Ed. Best Seller

- Liang Gong em 18 Terapias de Maria Lúcia Lee, Ed. Pensamento

- Apontando para O Futuro e O Poder da Sabedoria de Carlos Cardoso Aveline, Ed. Teosófica

- Anatomia Humana – Atlas e Texto – de Prof. Dr. Aldo Junqueira Rodrigues Júnior, Prof.° Dr. Alfredo Luiz Jácomo e Prof. Dr. Lucivaldo M. Tapajós Figueira, Ed. Ícone

- Nada de Especial – Vivendo Zen de Charlotte Joko Beck, Ed. Saraiva

- Curas Angélicas de Eileen Elias Freeman, Ed. Record Nova Era

- Sidarta de Hermam Hesse, Ed. Civilização Brasileira

- O Roubo do Espírito de Carl A. Hammerschlag, Ed. Record Nova Era

- A Dança de Klauss Vianna, Ed. Siciliano

- A Cura Cósmica de Rebecca Clark, Ed. Record Nova Era

...e tudo o mais que tocar seu coração, sua reflexão, seu desejo de evoluir e curar-se. Recomendo ainda que você procure a Associação Brasileira de Massagem Oriental (A.M.O.R) tel. (011) 210-1028, tanto para receber massagem, quanto para estudar. BOA SORTE!

A Serono Produtos Farmacêuticos Ltda. é uma das subsidiárias do Grupo Ares Serono, uma empresa Suíça, com sede em Genebra, líder no desenvolvimento e comercialização de produtos de Biotecnologia.

O grupo tem uma atuação de grande destaque no campo da Esclerose Múltipla, Crescimento, Saúde Reprodutiva e AIDS.

No Brasil, a presença da Serono no tratamento de pacientes portadores de Esclerose Múltipla cresce a cada dia desde 1996, com a introdução do uso de Rebif (Interferon beta-1a Recombinante de Células de Mamíferos), proporcionando ao paciente uma melhor qualidade de vida.

A Serono está sempre trabalhando para manter seus objetivos, visando o bem-estar dos pacientes aliado à confiança dos produtos de Biotecnologia.

Em sintonia aos seus objetivos, a Serono está colocando à disposição dos pacientes de Esclerose Múltipla, uma inovadora proposta de serviços, que é a nossa **Cadeia de Serviços**.

Esta **Cadeia de Serviços** se constitui:
– SAC – Serviço de Atendimento ao Cliente através da linha **0800-113320**.
– Rebikit – bolsa térmica para transporte do Rebif com gelo reciclável e coletor de material descartável.
– Coletor de Material Descartável – reposição sempre que necessário, sem custo.
– Caneta Rebiject.
– Guia de auto-aplicação Rebif.
– Boletim Informativo Mãos Dadas – periodicidade trimestral.
– Vídeo explicativo de aplicação Rebif.
– Internet através do site - www.serono.com.br

Todos esses serviços estão à disposição dos pacientes, sem custo.

Aguardamos o seu contato.

Impresso pela Gráfica
VIDA E CONSCIÊNCIA
✆: 549-8344